<u>dtv</u>

Das Dosenmilch-Trauma ist eine Zeitreise der etwas anderen Art durch eine Kindheit und Jugend, wie sie schlimmer nicht hätte sein können. Aufgewachsen als Sohn der beiden einzigen bayerischen 68er (»Mama und Papa hatte ich nicht, ich musste immer Eberhard und Renate sagen!«), macht Jess Jochimsen klar, warum seine Generation heute so ist, wie sie ist. Was bedeutet es, wenn die Eltern auf Che Guevara und freie Liebe stehen, man selber aber Wickie und Winnetou als Helden auserkoren hat und La Boum für den Gipfel an Erotik hält? Was sind das für Menschen, die früher für ein Bonanza-Rad gestorben wären und heute beim Anblick des Bärenmarkenbärchens in Tränen ausbrechen? Was wird aus einem, der von Freaks erzogen wurde und eigentlich immer normal sein wollte?

Die 40 Stories dieses Buches, mal grotesk, mal liebevoll komisch, verdichten sich zu einem irrwitzigen Roman des Erwachsenwerdens, zu einem präzisen Bild der heutigen Endzwanziger, deren wichtigste Frage nie »links oder rechts« war, sondern »Geha oder Pelikan«.

Jess Jochimsen wurde 1970 in München geboren. Er studierte Germanistik und Politologie. Seit 1995 über 600 Gastspiele als Kabarettist auf allen bekannten Bühnen Deutschlands. Auf seiner Imponierliste stehen der »Deutsche Kabarett(Förder)Preis«, das »Passauer Scharfrichterbeil« und der »Prix Pantheon«. Zahlreiche Fernsehauftritte u. a. im *Scheibenwischer*, *Quatsch Comedy Club* und bei *RTL Samstag Nacht*. Jess Jochimsen lebt in Freiburg und schreibt dort eine wöchentliche Zeitungskolumne. Das Dosenmilch-Trauma ist sein erstes echtes Buch.

Jess Jochimsen

Das Dosenmilch-Trauma

Bekenntnisse eines 68er-Kindes

Deutscher Taschenbuch Verlag

Originalausgabe
Oktober 2000
© Deutscher Taschenbuch Verlag GmbH & Co. KG, München
Umschlagkonzept: Balk & Brumshagen
Umschlaggestaltung: Michael Meister
Fotos: © Jess Jochimsen
außer S. 24, 57, 139 © Katrin Lamperstorfer,
S. 161 © Markus Frietsch, S. 174, 200 © Vero Mickisch
Umschlagfoto: © Ilja C. Hendel
Satz und Gestaltung: Regina Leonhart
Gesetzt aus der Garamond Regular 10/13,4˙ (QuarkXPress)
Druck und Bindung: Kösel, Kempten
Gedruckt auf säurefreiem, chlorfrei gebleichtem Papier
Printed in Germany
ISBN 3-423-20370-6

»... über das Erwachsenwerden in einer Zeit,
die man mit billigen Schweizer Plastikuhren misst.«
(Schöller & Bacher)

»Was sind das für Zeiten,
in denen die Eltern ihren Kindern sagen müssen,
dass sie spießig sind?«
(Ralf Rothmann)

Inhalt

Als dann auch noch seine Lieblingskneipe zumachte, wusste er: Irgendwie, irgendwo, irgendwann ...

La Boum – Die Fete ist vorbei

»Dreams are my reality.«
(Richard Sanderson)

»I take pleasure in great beauty.«
(James Bond zu Sophie Marceau)

Ich weiß nicht, ob es sich um eine Erfahrung handelt, die ich mit vielen teile, oder ob es allein an mir liegt oder am Wetter, aber manchmal braucht es ja nur einen klitzekleinen Anlass, um mich in tiefste Melancholie zu stürzen. An einem der letzten Tage in den 90ern fragte ich eine wildfremde Frau nach der Uhrzeit, einfach so. Sie war in etwa meinem Alter, ein, höchstens zwei Jahre älter vielleicht. Sie lächelte mich an und antwortete:

»Viertel vor Nesquick, Zeit zum Umrühren.«

Mein Gott, wie lange hatte ich diese Floskel schon nicht mehr gehört! Freilich wusste ich immer noch nicht, wie spät es war, aber was spielte das für eine Rolle? Die Jetzt-Zeit war aufgehoben und räumte ihren Platz für die Erinnerung. Ich lächelte zurück, sah der Frau in die Augen und begann leise zu singen:

»Kimba, Kimba, kleiner weißer Löwe, wir sind stolz auf dich ...«

Ihr Blick bekam etwas Glänzendes, sie hakte sich bei mir unter und sang ebenfalls:

»Hey, hey, Wickie, die Wikinger, sind hart am Winde drahan – sag mal, kriegst du die Männer von Flake noch alle zusammen?«

Ich rieb mit meinem Zeigefinger an der Nase und dachte nach. Also da waren Snørre und Wickie und ... Um meine getrübte Erinnerung zu kaschieren und das Gespräch mit der unbekannten Begleiterin versuchsweise ins Zwischenmenschliche zu lenken, fragte ich:

»War Wickie eigentlich ein Junge oder ein Mädchen?«

»Also Willi aus Biene Maja war auf jeden Fall schwul.«

Ich verstellte die Stimme und brüllte mit nasalem Ton:

»Maja, Maja, warte auf mich!«

Hoffentlich sah uns keiner. Sie lachte. Ich dachte, so ähnlich würde Katja Berger heute lachen, zehn Jahre nach dem Abi. Das Lachen der Frau hatte etwas Entwaffnendes, und ich wusste, das ist sie, die Frau, auf die du immer gewartet hast: Vic aus *La Boum – Die Fete*! Sophie Marceau. *Met you by surprise, / I didn't realize / that my life would change forever.* Älter natürlich, reifer – *Dreams are my reality / a wondrous word with I like to be* – erwachsener und schöner denn je – *Illusions are a common thing. / I try to live in dreams / although it's only fantasy* – Sophie Marceau heute.

Sophie Marceau im letzten James Bond-Film. In dem der Agent, und mit ihm alle Männer dieser Welt, wissen, dass sie sich sämtliche Mätzchen sparen können. Denn diese Frau durchschaut sie vom ersten Augenblick. Und sagt den wahrsten Satz, den je ein Bond-Girl gesagt hat:

»Du kannst mich nicht töten.«

Dass Bond es dennoch tut, beweist nur, dass er sie nie wieder loswerden wird. Aber auch nie wirklich besaß. So war das immer. In *La Boum – Die Fete* war Sophie Marceau 14 und ich zwei Jahre jünger. Sie war genau das Mädchen, das schon immer eine Nummer zu groß war. Und jetzt stand sie leibhaftig vor mir. Ganz nah und doch unerreichbar. Eine Fleisch gewordene Erinnerung. Ihr bester Film hieß *Meine Nächte sind schöner als deine Tage*. Ich glaube, das trifft's.

Aber hatte sie nicht eben mit mir gesprochen? Die »Kannst du mir sagen, wie spät es ist«-Floskel der Lächerlichkeit preisgegeben? Und mir damit einen Wink? Nur – wieso sollte sie sich jetzt für mich interessieren? Sie hatte es doch auch früher nie getan. Mir sah man es doch heute noch an, dass ich jahrelang Zahnspangen trug und die Firma Clearasil reich gemacht hatte. Egal, was ich sie fragen würde, immer würde ihre Antwort lauten: »Wir können ja gute Freunde bleiben.« Es war so ungerecht, eine Rollenverteilung für die Ewigkeit: Sie, der Klassenschwarm, die Strahlende, die mit der Eins in Schönschreiben und ich der kleine Bub im Pullunder, der noch nicht mal *eine* Fläche auf dem Rubik-Würfel hinbekam. Im Sportunterricht brachte sie mit ihrem Pferdeschwanz und ihren kleinen, wippenden Brüsten alle um den Verstand, während ich in Strumpfhosen abseits stand und stets als Letzter in die Mannschaft gewählt wurde.

Warum tat sie mir das jetzt an? Sie, die damals zu dieser Jahreszeit *hundertpro* im schicken Anorak und trotzdem natürlich viel zu knapp bekleidet in der Raucherecke des Schulhofs stand und jedes Mal kicherte, wenn ich dick eingemummelt in meinem Parka vorbeikam. Meine Eltern schimpften sich Antimilitaristen, aber der Bundeswehrparka gehörte zur Grundausstattung. Wieso war ich eigentlich, seit ich denken kann, dauernd zu warm angezogen? Meine Eltern mit ihrer Paranoia, ich könnte erfrieren! Selber immer freakig, immer locker, immer *easy*, aber wenn's um den Sohn ging, voll bürgerlicher Urangst: Der Junge geht aus dem Haus und erfriert spontan auf dem Schulweg. Ab Ende August trug ich Winterklamotten und wurde verspottet wegen meiner selbst gestrickten Handschuhe. Oh, wie ich sie gehasst habe, diese Wollfäustlinge, die mit einem Bändchen verbunden waren, damit man sie auch ja nicht verlor. Unter der Jacke trug man die, durch die Ärmel gezogen, sie haben furchtbar gekratzt, sich ständig verheddert, und bei den Mädels war man der Depp. Es tönt mir noch heute in den Ohren, Sophie Marceau, Katja Berger, wie sie höhnt:

»Guck mal, wie kindisch!«

Die schöne Unbekannte blickte mich an und sagte:

»Du bist der mit den Fäustlingen, nicht?«

Ich antwortete:

»Und du bist die, die immer mit den Christophs gegangen ist.«

Sie nickte, sah auf die Uhr und sagte im Weggehen:

»Es ist übrigens kurz nach vier.«

Es ist kalt, dachte ich, bald braucht man Handschuhe.

Das Dosenmilch-Trauma

Als ich ein kleiner Junge war und mit meinen Eltern in einer wie auch immer harmonischen Wohngemeinschaft leben musste, kam einmal die Woche meine Oma väterlicherseits zu Besuch. Genau genommen kam sie zum Kaffeetrinken und brachte lecker Kuchen, aber auch Unruhe und Zwietracht in die traute Familienidylle. Weil meine Oma nämlich den Dritte-Welt-Kaffee nicht runtergebrachte, bestand sie, wie alle Großmütter väterlicherseits, auf Kaffee Hag, Dosenmilch und Würfelzucker. (Das war Wahnsinn! Im besten Fall hatten wir kapitalismuskritischen Kandis im Haus, Würfelzucker jedoch nie.)

Kaffee Hag war mir wurscht und der Zucker letztlich auch, aber Dosenmilch entwickelte sich zu *dem* Objekt meiner kindlichen Begierde. Nicht dass sie mir besonders geschmeckt hätte, nein, Milch in Dosen, das war für mich die Offenbarung schlechthin, die größte technische Errungenschaft der Neuzeit, haltbar, praktisch und formschön.

Meine Eltern dagegen hassten die eingedoste Dickmilch, und schon hatten wir Streit. Bereits damals biologisch-dynamisch orientiert, war Dosenmilch für meine Erzeuger die gemeinste Provokation der Natur. Sie haben nichts so gehasst wie Dosenmilch. Aus der Panik heraus, als aufgeklärter Pädagoge zu versagen, schrie mein Vater regelmäßig:

»Ein für alle Mal, mein Sohn: Die beste Verpackung für d'Milch ist die Kuah!«

Heulend brüllte ich zurück:

»Ökologischer Klugscheißer, was ist denn an so einer Kuh bitte praktisch? Eine Kuh in der Vorratskammer!«

Die Folge war, dass in mir ein veritables Dosenmilch-Trauma heranwuchs. Meine Oma hat das wohl gespürt, und um therapeutisch gegenzusteuern, wie es alle Großmütter väterlicherseits tun, sorgte sie dafür, dass ich, das Kind, die Dosenmilch für die Erwachsenen präparieren durfte. Da wurde mir Verantwortung übertragen, da konnte ich ein klein wenig zum Manne reifen. Ich bekam zum Öffnen der Dosenmilchdose einen Dosenmilchdosenpiekser. Das war ein eigens für diese Tätigkeit konzipiertes Werkzeug: ein Holzgriff mit einem Stahlstachel dran, eine Waffe eigentlich. Und mit diesem Dosenmilchdosenpiekser durfte ich dann auf die Dosenmilchdose einstechen. Ich konnte mich also zur Bewältigung meines Traumas selbstständig mit dem traumabehafteten Objekt beschäftigen.

Und das war kein einmaliger Akt, denn jede Dosenmilchdose benötigte zwei Löcher. Eines, durch das die Dosenmilch aus der Dose hinausgekippt werden konnte, und ein weiteres, durch welches Luft ins Doseninnere gelangte, damit es beim Dosenmilchgießvorgang nicht blubberte. Das so genannte Blubberloch. Regelmäßig konnte ich mich also zweimal in Folge mit dem Dosenmilchdosenpiekser in einer nachgerade ödipalen Geste selbst heilen. Jeder Psychologe wird es bestätigen: Kaum ein Ding eignet sich als Projektionsfläche für Angstbesetztes in der Kindheit besser als die Dosenmilchdose.

Dass ich heute noch an einem Dosenmilch-Trauma leide, liegt an etwas anderem – an dem Bär. An dem Teddy. Am BÄRENMARKENBÄRCHEN. Auf jeder mich betreffenden Dosenmilchdose war ja ein Bärenmarkenbärchen drauf. Und ich war oft etwas unachtsam, in Vorfreude des kathartischen Effektes der Dosenmilchdosenpieksertherapie. Kurz nicht aufgepasst, etwas vorschnell den Vatermord imaginiert, und schon war's passiert. Die Dosenmilchdose stand verkehrt rum, und das Gieß- und das Blubberloch befanden sich nun im ursprünglichen Dosenmilchdosenboden, der jetzt durch den zweimaligen Gewaltakt unwiederbringlich zum Dosenmilchdosendeckel wurde.

Das heißt aber, dass der Teddy Kopf stand. Und das Blut schoss ihm in den kleinen Bärenkopf, es war scheußlich. Das Köpfchen schwoll an und an, es war furchtbar – und nicht wieder gutzumachen, weil: Richtete man das Bärenmarkenbärchen wieder auf, lief die Dosenmilch aus den eigens hierfür hineingestanzten Löchern aus der Dose. Ich habe versucht, Gieß- und Blubberloch mit Tesafilm abzudichten, aber man kriegt das nicht dicht. Da kennt die Dosenmilch keine Gnade, die quillt heraus. Und das ist mir verdammt oft passiert, ich war ein regelrechter Teddyquäler.

Und jeder Therapeut weiß, dass der Bär ein lustbesetztes Objekt für das Kind ist. Das Bärenmarkenbärchen im Besonderen. Und heute? Was soll ich sagen: Ich trinke meinen Kaffee schwarz.

Puuh, der arme Bär!

Meine Eltern waren Hippies

Zugegeben, ich habe ein wenig vorgegriffen. Zuweilen bin ich etwas sprunghaft und habe es nicht so mit dem chronologischen Erzählen. Genau genommen kann ich das gar nicht. Also zurück:

Meine Eltern waren 68er, und obwohl man das damals noch gar nicht so nannte, war das ausgesprochen hart für mich. Regelrechte Hardcore-Hippies waren sie, mit Flokati auf dem Kopf, Che Guevara in der Küche und Frank Zappa aufm Klo, aber hallo. Sie hörten den ganzen Tag *Pink Floyd*, da wurdest du blöd in der Birne als Kind. Was für mich allerdings erschwerend dazu kam: Meine Eltern sind auch noch Bayern. Bayern und 68er! Das ist eine Kombination, die gibt es eigentlich gar nicht. Man möge sich das bildlich vorstellen, Franz Josef Strauß in Schlaghosen und mit einem Arafat-Schal um den nicht vorhandenen Hals oder auch Stoibers Sturschädel von Dreadlocks bedeckt. Ein Ding der Unmöglichkeit, *bayerische 68er*, da kreuzen sich bigotte Dumpfheit mit sexueller Revolution, Klerikertum mit K-Gruppe, *Pink Floyd* mit Volksmusik – wenn die sich vermehren, kann man sich ja vorstellen, was da rauskommt: Das sieht nicht gut aus.

Schon im Mutterleib schwante mir Böses, aber ich war von all den Pülverchen und bewusstseinserweiternden Kräutern, welche meine Mutter zu sich nahm, derart benebelt, dass ich meinen Plan, noch etwas länger im Fruchtwasser zu planschen, nicht verwirklichen konnte und pünktlich nach neun Monaten auf das im Wohnzimmer ausgelegte Tüchersammelsurium schwappte. An sich war das ganz nett, alle waren da, die Oma väterlicherseits, meine Mutter, einige Leute, die ich nicht kannte, und mein Erzeuger. Ich hatte ihn ja nie zuvor gesehen, mir ihn aber in etwa so vorgestellt. Er war groß, an den seltsamsten Stellen mit Haaren bedeckt, ein bisschen abgerissen gekleidet, und er ließ sein donnerndes Lachen erschallen, das ich schon im Ohr hatte. Geburtsschlag erhielt ich keinen (logisch, Pazifisten!), und ich dachte: Wird schon werden. Mein Vater nahm mich auf den Arm und begann mit mir erst mal über die Geburt zu reden, völlig zwanglos führte er mich ins Leben ein:

»Ja, griaß di. Servus in der Welt, Burschi, supa, dass'd da bist. He – kloaner Hos'nscheißer, *welcome on örf*. Wir müssen da jetza ned das Diskutier'n anfangen, schau' a mal her: I bin der Eberhard und die, wo da noch so saublöd umanand flackt, des is' die Renate.«

Was für eine Begrüßung! Es war noch viel schrecklicher, als ich in den dunkelsten embryonalen Stunden befürchtet hatte. Und das Schlimmste war: Ich verstand kein Wort. Das muss man sich mal vorstellen, man wird in diese Welt geworfen und versteht noch nicht einmal die eigenen Eltern – weil die so einen grauenvollen Dialekt sprechen. Die ersten Jahre verlebte ich eher unbewusst, da habe ich summa summarum gar nichts verstanden. Und *Mama* und *Papa* hatte ich ja nicht, ich musste immer Eberhard und Renate sagen. In diesem Punkt folgten meine Eltern konsequent den pädagogischen Maximen der frühen 70er Jahre. Der Eigenname durfte um keinen Preis aufgegeben werden. Nur um das ein für alle Mal klarzustellen: *Mama* ist für ein Baby wesentlich leichter zu artikulieren als *Renate*!

Gestillt wurde ich, bis ich acht war, und dann gab's Körner. Dass ich überhaupt gewachsen bin, darf getrost als Wunder bezeichnet werden. Es handelte sich im Übrigen um Körner, die sich heute in keinem Laden dieser Republik mehr auf legalem Wege erwerben lassen. Garniert wurden diese Verdauungsbremsen mit allerlei Farnen und Mosen, von denen auch nur meine Eltern meinten, dass sie überhaupt essbar waren. Das Grünzeug war selbstredend im eigenen Garten angebaut und ungespritzt. Meine Fresse, das hätte man gar nicht spritzen brauchen, da wäre kein Schädling der Welt freiwillig rangegangen. Alsdann zermanschte derjenige, der laut Kochplan an der Reihe war, das Ganze in einem hölzernen Bottich und verrührte den bizarren Sud in rituellen, kreisenden Bewegungen. Linksdrehend.

Gesalzen wurde nicht. O nein, kein Salz, in den Salinen beutete die herrschende Klasse schließlich die Arbeiter aus, und der Eberhard und die Renate wollten da *ein Stückweit schon auch* ein Zeichen setzen. Curry gab es ebenso wenig, handelte es sich dabei doch um ein Produkt des englischen Imperialismus. Ketchup war aus antiamerikanischen Gründen vollkommen ausgeschlossen. Ketchup? *No way*! Die Renate wetterte in ihrer unnachahmlichen Diktion:

»Man tunkt seine Pommes ned in das Blut von Fietnam!«

Pfeffer hatten die Herrenmenschen auf den Kreuzzügen geraubt, neulich erst, kam also auch nicht auf den Tisch. Man kann sagen, dass meiner Kindheit ein bisschen die Würze gefehlt hat. Die Suppe jedoch musste ich auslöffeln. Das war ein typischer Erziehungswiderspruch meiner Eltern: antiautoritär kochen, aber aufessen müssen. Natürlich wehrte ich mich mit Händen und Füßen, allein der Eberhard und die

Renate verfügten über sämtliche didaktischen Aufesstricks. Als ob man eine Wahl gehabt hätte, tunkten sie den Löffel in die Pampe und seuselten etwas von »komm', noch einen Happen für den Opa«, und zack, schon bekam ich mit dem Zeug den Mund gestopft. Dabei hatte ich überhaupt keinen Opa, aber es gab schlicht und ergreifend keine zwei Meinungen: »Ein Happa für den Onkel, ein Happa für die Oma ...«, wie oft wünschte ich mir, dass in der Verwandtschaft möglichst bald wieder jemand sterben möge. (Obwohl ich diesen Wunsch immer gleich bereute, denn die Bärenmarken-Oma wollte ich keinesfalls gefährden.) Wenn es aber absolut ungenießbar wurde und ich mich partout weigerte, auch nur einen Bissen runterzuwürgen, griffen meine sonst so toleranten Eltern doch mal in die Knüppelkiste teutonischer Pädagogik:

»Wenn du des ned aufisst, Burschi, wenn du des ned aufisst, gibt's morgen schlecht' Wetter!«

Mein Gott, diese Verantwortung. Ich entschuldige mich hier in aller Form für so manch verregneten Sommer in den 70er und 80er Jahren. Aber ich hab's einfach nicht runtergebracht, dafür gewann der Begriff »Hungerstreik«, der in den Gesprächen der Erwachsenen so oft fiel, für mich schon sehr früh an Bedeutung.

Was darüber hinaus ebenfalls den eher scheußlichen Dingen meiner Kindheit zugerechnet werden muss und zudem auch wenig appetitanregend wirkte: Meine Eltern waren immer nackt. Das war ..., also schön war es nicht. Der Eberhard und die Renate hatten nie was an zu Hause, das war *open*. Sie liefen wie Adam und Eva durch die Kommune und nahmen da überhaupt kein Blatt vor den Unterleib. Total *open* war das. Unser Haus besaß auch keine Türen, alles *open*, und immer wenn meine Eltern im Schlafzimmer waren, wenn sie in trauter Zweisamkeit im Bett lagen, wenn *Wish you were here* auf dem Endlosband lief und wenn ich das alles in

Ermangelung von Türen auch noch mit ansehen musste, riefen sie schnaufend:

»Geh weiter, Burschi, schau dir des ruhig an. Des ist Liebe.«

Die Renate kniete auf dem Bett und der Eberhard dotzte ihr von hinten mit seinem Unterleib gegen den Allerwertesten, also Liebe konnte ich da keine entdecken.

»Magst du koa Schwesterchen?«, fragte mich die Renate keuchend. »So geht des nämlich. Oder glaubst du noch an den Klapperstorch?« Dass sie überhaupt sprechen konnte, so wie sie traktiert wurde, wunderte mich, und mein Vater schrie:

»Schau her, so haben der Eberhard und die Renate dich auch g'macht, g'rad a so ham wir dich aa g'macht!« Dann brüllte er wie ein russischer Hammerwerfer beim entscheidenden letzten Versuch.

Also ich hätte echt kein Problem damit gehabt, vom Affen abzustammen, aber von Eltern, die so was so *open* machten, wollte ich nicht abstammen! Das sah vielleicht krank aus. Das konnte unmöglich die herkömmliche Art der Fortpflanzung gewesen sein, denn das hieße ja, dass dann alle so einen Eiertanz aufführten. Nein, nein, das war nur bei meinen Eltern so, und deswegen bin auch nur ich ein derartig verkorkster Typ geworden.

Heute kommt mir gelegentlich in den Sinn, dass das Liebesleben meiner Freunde und Bekannten streng genommen noch viel kranker aussieht. Viele haben gar keines. Das sind die neuen Werte, also die ganz alten: Keinen Sex vor der Ehe, kein Petting vor der Verlobung. Oder Blümchen-Sex. Oder Dr.-Sommer-Sex. Also irgendwas hat sich im Wertegefüge doch verschoben, wir sind so: politisch indifferent, sexuell desorientiert, aber immer gut gekleidet. Und: Wir haben *fun*. Aber hallo haben wir einen *fun*. Wir hoppen von Event zu

Event, von Club zu Club und haben aber so was von *fun*. Und einmal im Jahr scheißen wir in den Tiergarten und haben Spaß dabei. Welch eine Entwicklung – von der freien Liebe zur Loveparade, *evolution sucks*!

Was allerdings die moderne Musik, von House bis Techno, von Rap bis Big Beat angeht, daran bin ich unschuldig. Erstens kenne ich mich da nicht aus und zweitens wurden mir meine Vorliebe für Computer-Sounds und meine ablehnende Haltung gegenüber West-Coast-Protest-Geschrammel und anderer *Handmade*-Musik quasi in die Wiege gelegt. Bereits im Alter von fünf Jahren schenkte mir der Eberhard eine Klampfe. Alle meine Freunde bekamen Playmobil und ich eine E-Gitarre! Die Renate pickte eine Pril-Blume auf den Korpus, und ich sollte mich freuen, schönen Dank auch, das Teil wog so schwer, dass ich es kaum halten konnte. Und das Problem mit Instrumenten ist ja vor allem das Erlernen ebendieser. An sich verlief die musikalische Entwicklung streng linear. Aus dem gemeinsamen Orffschen Singspiel kristallisierten sich genau zwei Stränge heraus: die Flöteneleven, die später mal Sologeigerin oder zumindest Konzertcellist werden sollten, und die zukünftigen Klavierschüler. Letztere Gruppe unterteilte sich noch in die Okarina- und die Melodica-Fraktion, aber das führt jetzt vielleicht zu weit. Ich stand sowieso außen vor, denn ich bekam als Einziger Gitarrenunterricht. Aus Kostengründen bei einem Weggefährten meines Vaters, einem Liedermacher, vor dessen Liedern der Staat oftmals erzitterte – und ich auch. Das erste halbe Jahr habe ich keinen einzigen Ton gelernt, die ersten 20 Stunden bestanden ausschließlich im politisch korrekten Bekleben des Gitarrenkoffers. Und was dann kam, war noch furchtbarer.

Warum ich mich im elektrischen Saitenspiel üben musste, fand ich schnell heraus. Meine Eltern wollten mich als Rhythmusgitarrero für ihre WG-Kapelle gewinnen. Keine Strafe war härter als Hippie-Hausmusik mit Eberhard an dem Sitar und Renate an den Bongos, hey, nach zehn Minuten hattest du Ohrmuschelkrebs im Endstadium. Ich glaube, die 70er Jahre waren der Horror für alle, die sich in Hörweite befanden, speziell für unsere Nachbarn, die von Gintens. Irgendwann verboten sie ihrer Tochter Astrid sogar, mit mir zu spielen (was mir nicht unrecht war). Ich bin mir sicher, die von Gintens haben sich gedacht: Eltern, die solche Musik machen und nackt in der Gegend herumlaufen, wie werden die wohl ihr Kind erziehen? Ich gebe zu, dass ich mich das auch manchmal gefragt habe.

Dabei wollte ich doch eigentlich nur normal werden. Das konnte doch nicht so schwer sein. Wieso hat das nicht geklappt? Vielleicht weil ich nie Prügel bekam? Meine Eltern haben mich nie geschlagen, da wird man doch nicht *normal*. Ich wurde noch nicht einmal missbraucht. Wie sollten sich so die gängigen Neurosen herausbilden? Es ist ja nicht so, dass ich nicht ausreichend mit Wissen und Werten versorgt worden wäre, ich konnte damit nur nie so recht etwas anfangen. Meine gesamte Kindheit hindurch wurde ich mit Regeln und Richtungsweisern voll geschrieben. Wie eine Tafel. Alle können lesen, was draufsteht, nur man selber nicht. Noch heute fühle ich mich manchmal so. So *merkunwürdig*. Wie ein geknicktes Vorfahrtsschild, das irgendwo, meilenweit von der nächsten Straße entfernt, rumsteht. Einfach nur dumm rumsteht.

Blick zurück im Zorn

Winnetou auf dem Bonanza-Rad

Das hört sich immer so einfach an: In den 70er Jahren herrschte *Love & Peace*, Pazifismus war mehr als nur ein Wort. Oder: Die 68er erzogen ihre Kinder freizügig, politisch korrekt und geschichtsbewusst. Wenn man dergleichen im Lexikon liest, hat es den Anschein, alle wüssten Bescheid. Eine Pädagogik wie aus dem Lehrbuch. Ganz so einfach ist das aber gar nicht. Ich muss schon ziemlich in meinem Hinterkopf kramen, um ideologisch cleane Erziehungsmaßnahmen meiner Eltern zutage zu fördern. *Straight* lief das nie ab, eine überbau-gerechte Pädagogik erlebte ich eher beiläufig, in den banalen Dingen des Erwachsenwerdens, wie im Fasching zum Beispiel, wo man einmal im Jahr ein anderer sein durfte.

Eines Jahres, eben an Fasching, kamen meine Eltern auf die glorreiche Idee, ich könnte ja als Gandhi gehen. Ich wusste damals überhaupt nicht, wer Gandhi war, aber es klang nicht gut. Klang so gar nicht nach Cowboy und Indianer, wobei *Cowboy* ohnehin nicht drin gewesen wäre. Der Eberhard und *wild west* ...

»Z'erst einmal, anything goes. Aber bewaffnet gehst du mir ned aus'm Haus – und als Amerikaner verkleidet gleich zwoamal ned! Machst halt den Gandhi, ha?«

Die Renate dagegen versuchte, mich etwas subtiler für diese ideologisch wertvolle Idee zu begeistern.

»Hey, der Mahatma is' affengeil. An Cowboy kann a jeder. Als Gandhi bist voll indifiduell!«

Als ich die Verkleidung gesehen habe, begriff ich sofort, was sie mit *individuell* meinte: die totale Vereinsamung eines Kindes, und zwar binnen kürzester Zeit. Kostümtechnisch stellte der indische Friedensstifter kein wirkliches Problem dar, wir hatten ja alles im Haus. Alte Birkenstöcker vom Eberhard sollte ich anziehen, so Vollkornhausschuhe in Übergröße, des Weiteren ein Bettlaken um den Bauch, eine Brille und fertig. Fehlte nur noch, dass sie mir eine Glatze schnitten, allein, was die Haare anging, waren sie sehr sensibel und *irre tolerant*.

Trotz allem: Was sollte diese bescheuerte Idee? Gandhi? Wenn es möglich gewesen wäre, hätte ich mich schnurstracks zur Adoption freigegeben. Ich schreie es in die Welt hinaus: Hat irgendjemand in diesen Breitengraden jemals als Kind Gandhi gespielt? Wie sieht das denn aus?

»Mama, ich gehe noch ein bisschen raus, Gandhi spielen.«

»Jetzt wird erst mal gegessen, mein Sohn.«

»Ach Männo! Wir spielen doch Hungerstreik und befreien Indien von den Briten.«

Erschwerend kam hinzu, dass Astrid von Ginten im Fasching stets als Mutter Theresa kam; die Nachbarstochter, Astrid von Ginten, von mir liebevoll immer »Arschtritt von hinten« genannt. Ein toller Karnevalsspaß: Alle anderen sind gepflegt am Ballern, und ich sitze mit Astrid im Sandkasten und meditiere. Also wirklich nicht. Aber meines Vaters Haltung in dieser Frage blieb basisgeschult K-Gruppen-klar:

»Mit Waffen, Burschi, mit Waffen wird ned g'spielt. Basta!«

Im Vertrauen auf Renates doch eher Summerhill-angehauchtes Erziehungskonzept drohte ich ihr damit, mir auf der Stelle die Haare abzuschneiden.

»Gott bewahre, nicht die Haare! Jess, du sollst den Gandhi doch nur *darstellen,* verstehst'? Fasching is' a Rollenspiel, nur übertreiben brauchst' das nicht.«

Die Schere in der Hand, schaltete ich auf stur, und die Renate lenkte ein.

»Okay, okay, okay. Dann sag doch mal selber, wer möchast'n gern sein?«

Ich wusste sehr wohl, wer ich sein wollte, und zwar nicht nur im Fasching, sondern das ganze Jahr, mein großes Idol:

»Winnetou!«

Da kam ich beim Eberhard an den Richtigen.

»Ah geh, Winnetou! Alles, was dich interessiert, is' a Waffe in der Hand.«

»Jetza Eberhard«, sprang mir meine Mutter helfend zur Seite, »das g'hört zum Finetu dazu. Der Che Guevara hat doch auch a Waffe.«

»Der Che, des is' a ganz eine andere Baustelle, Renate.«

»Was hast'n so gegen den Finetu? Woast es nimmer, Eberhard, wie wir zwoa auf der Demo waren, '68? Was wir g'schrien haben? *Amis raus aus Uuh-Ess-Aah, Finetu ist wieder da!* Jetza lass dem Bua halt sein' Willen.«

Und ich durfte Winnetou sein. Für meine Eltern war das eine Kompromisslösung, ganz klar. Wenn ich etwas gelernt habe, dann das: Winnetou lag genau in der Mitte zwischen Che Guevara und Gandhi, der hatte von beiden etwas. Der Häupling der Apachen war ein Guter, aber doch auch friedlich, und er hat den Bösen immer nur in die Beine geschossen.

Die Hauptsache war, dass ich meinen Helden verkörpern durfte. Alle Filme, mit Ausnahme von *Winnetou III* natürlich, sämtliche Abenteuer und Taten habe ich nachgespielt. Wochenlang probierte ich etwa, mit einem Schilfhalm unter Wasser Luft zu bekommen. Kein schöner Anblick, wie ich mich zu Übungszwecken durch die Pfützen wälzte. Diesbezüglich muss ich Karl May und Horst Wendtland einen deutlichen Vorwurf machen, das ging mit einem Schilfrohr gar nicht. Die einzigen Geräte, mit denen das funktionierte, waren die abknickbaren McDonald's-Strohhalme, und die konnte ich keinesfalls mit nach Hause bringen. Das wäre der Provokation dann doch zu viel gewesen. Meine ausgeklügelte Ausrede, dass ich die gestreiften Trinkrohre nur geklaut hätte, nicht zuletzt, um so das ausbeuterische Ami-Unternehmen entscheidend zu schwächen, hätten der Eberhard und die Renate niemals durchgehen lassen. Zum Glück gab es ja noch die Großmutter väterlicherseits, und die scherte sich einen Dreck darum, was ich in ihrem Badezimmer trieb. Mehrere Minuten verharrte ich unsichtbar in der Wanne, trotzdem hat mich die Bärenmarken-Oma immer gefunden.

Der Hauptkonflikt mit meinen Eltern stand indes noch aus. Eigentlich brauchte Winnetou nämlich – was heißt *eigentlich? –, unbedingt, selbstredend* brauchte Winnetou ein Pferd. Und nicht irgendein Pferd, der tapfere Krieger benötigte ein Bonanza-Rad.

Da war die Kacke am Dampfen. Ein Bonanza-Rad, *US-imperialistisches Kinder-Kriegs-Spielzeug zum drauf Radeln.* Der Eberhard tobte und war voll in seinem Element:

»Jetza langt's mir aber, Burschi. A Bonanza-Radl, das schaurige Sinnbild des gefräßigen Kapitalismus! Renate, sag' doch du auch a mal was.«

»Also da muss i dem Eberhard schon a bissel Recht geben, Bua. G'fällt dir deins nimmer? Wir haben dir doch grad erst a neues gebrauchtes Radl gekauft.«

Mein Vater war kaum noch zu bremsen.

»Die Amis, die faschistischen, die unterwandern unsere

Kinder mit ihrem modernen Zeugs. Winnetou von mir aus, aber Bonanza-Radl nein. Aus, Äpfel, Amen.«

Mit Diskutieren war da nicht mehr so viel drin. Aber diesmal habe ich mich nicht kleinkriegen lassen, diesmal nicht, es ging um meinen Helden. Ich trat in den Schrei-Streik, stellte mich hin und brüllte mir die Seele aus dem Leib. Ich brüllte so lange, bis ich das Bonanza-Rad gekriegt habe. Ich hatte meinen ersten Sieg errungen: das ersehnte Gefährt. Zum ersten Mal schämten sich meine Eltern für mich – und nicht umgekehrt.

Und das Rad brachte mich meinem Idol näher. Wie gesagt, es war kein Fahrrad, sondern ein Pferd, und nicht irgendein Pferd, mein Fahrrad war Iltschi, Winnetous Pferd. Mein Fahrrad hat nicht so getan, als ob es Iltschi wäre, es war Iltschi.

Das Bonanza-Rad ist aber auch das einzige perfekt Iltschi-kompatible Fahrrad. Mit einem Mountain-Bike kann man unmöglich Indianer spielen. Das geht gar nicht. Ein Pferd mit Sportsattel und 24 Gängen, das sieht doch scheiße aus. Und wo soll auf einem Mountain-Bike Winnetous Schwester Nscho Tschi sitzen? Hinten? Das sind Schmerzen. Nein, ein echtes Indianerpferd – so geht's schon mal los – hat drei Gänge. Nicht weniger und nicht mehr: Trab, Galopp und Super-Galopp. Wie mein Fahrrad.

Muss ich noch erwähnen, dass es sich um ein originales Bonanza-Rad handelte? US-Import, kein *fake*! Mit dem hohen Lenker, der den Vergleich mit dem Indianer-Zügel nicht zu scheuen brauchte. Schaltknüppel auf der Stange, mit Leerlauf. Und natürlich der Bananen-Sattel! Der lang gezogene, schwarze Sattel. Hinten hochgebogen. Mit Metallverlängerung. Der Transport einer Squaw stellte überhaupt kein Problem dar. Da konnten die Mädels zehnmal noch nicht in der Pubertät sein, an meinen Rücken geschmiegt über die Prärie zu brausen, fanden sie alle geil. Auch wenn es ihnen natürlich mehr um Iltschi ging als um mich, ich besaß als Einziger ein Bonanza-Rad, und deswegen war nur ich der Winnetou. Old Shatterhand ritt auf einem Kettler-Alurad, Harald Meyer und sein treues Ross Hatatitla Dixi! Nur der Vollständigkeit halber sei noch erwähnt, dass all jene, die null Fehler in der Verkehrsprüfung und den blau-weißen Ehrenwimpel an ihren Gepäckträgern baumeln hatten, die Kavallerie bilden mussten – der dümmste Job bei Winnetou.

Ach, was haben wir schön Indianer und Cowboy gespielt, Kriegsbeil und Friedenspfeife, mehr war da nicht; keine störenden Erziehungsberechtigten, die uns in ein Hinterzimmer abkommandierten, um auftretende Konflikte auszudiskutieren. Wir lösten Streitigkeiten nach Westernart: erst mal Kloppen und dann ein Pfeifchen, da lernte man etwas fürs Leben. Rauchen zum Beispiel habe ich so gelernt, übrigens zur Freude meiner Eltern. Der dicke Erwin Moser hatte seinem Opa dessen Weltkriegspfeife gemopst, in diese stopften wir Erde und getrockneten Löwenzahn, und dann wurde über Frieden palavert. *Das* war gelebter Pazifismus. Wir saßen im Kreis, und Feuerwasser und die Pfeife machten die Runde. Nach fünf Minuten ging es uns so schlecht, dass an Krieg nicht mehr zu denken war.

Den Ton aber gab ich an. Zum ersten und einzigen Mal in meinem Leben war ich der Anführer. Ich habe das Faschingskostüm gar nicht mehr ausgezogen, das ganze Jahr über lebte ich als der berühmteste aller Indianer. Immer – beim Schlittschuhlaufen, im Schwimmbad, auf dem Fußballplatz. Der Held wurde zu meinem zweiten Ich. In jeder Lebenslage war ich Winnetou. Selbst wenn mich die Renate zum Bäcker geschickt hat, schickte sie nicht den kleinen Jungen, sondern den Häuptling der Apachen.

Geschmeidig schlüpfte ich in meine Mokassins, lautlos verließ ich das Haus und pirschte bäuchlings durch den Vorgarten. Vorsichtig spähte ich zu von Gintens hinüber. Die Nachbarn, nichts anderes als weiße, unwissende Siedler, sie hatten nicht den Hauch einer Chance, mich zu entdecken. Da, am Gartentor, wartete mein Pferd. Es stand ganz still, hätte mich nie verraten, denn wir waren ein Team. Im Schutz der Hecke schob ich Iltschi zur nächsten Straßenkreuzung, erst dann hatte ich freie Bahn. Noch etwas ungelenk stieg ich auf, mit dem rechten Bein vorne über die Stange, hinten wäre ich nicht über den metallenen Bügel gekommen, aber dann gab es kein Halten mehr. Wie der Wind fegte ich durch die Häuserschluchten, Trab, Galopp, Super-Galopp, schließlich ging es um Brot, um das Überleben meiner Familie. Ich weiß noch genau, dass ich einen Frosch platt fuhr, doch wer das große Ziel vor Augen hatte, musste kleinere Opfer in Kauf nehmen. Mein Ross kannte den Weg.

»Brr, brr, ruhig, mein Schwarzes, ruhig.«

Beim Bäcker angekommen, band ich Iltschi an ein Verkehrsschild, und zwar nicht minder lässig, als es Pierre Briece vor dem Saloon tat. Das sah, wie ich eingestehen muss, mit dem Zahlenschloss nicht immer cool aus, aber egal. Ich betrat die Backstube und reihte mich in die Schlange der Kunden ein. Ein Indianer muss warten können, und ich konnte warten. Tagelang hätte ich ausharren können, nur aufmerksam, wie ein Falke, bis der richtige Zeitpunkt gekommen war, bis der Bäcker hinter dem Verkaufstresen sagte:

»Ja, grüß dich, mein Kleiner. Magst du eine Brezel?«

»Wann wird der weiße Mann endlich verstehn, dass wir seine Geschenke nicht nötig haben?«

Mit meinem Stolz hatte er nicht gerechnet.

»Haben sie dir ins Hirn g'schissen?«

»Der weiße Bruder möge seinen Zorn mäßigen. Ich komme in Frieden und spreche nie mit gespaltener Zunge.«

»Ich spalte dir wirklich gleich was, Früchtchen, und wenn

du dann nicht mehr reden kannst, ist mir das auch wurscht.«

»Brot, edler Freund, es handelt sich um Brot.«

»Auch noch frech werden? Also was ist jetzt?«

Ich gab nach.

»Pumpernickel. Und sechs Semmeln. Vollkorn. Bitte.«

»Siehst', es geht doch.«

Allein, als Sieger konnte nur einer das Feld verlassen.

»In der Zeit, die ihr Bleichgesichter drei Monde nennt, werden sich unsere Wege wieder kreuzen. Ich habe gesprochen. Hugh.«

»Ja, Hau, Hau«, er zeigte mir einen Vogel, »hau ab jetzt!«

Da war das Kriegsbeil ausgegraben. Ich habe dem weißen Mann noch eine Mehlstaub-Allergie gewünscht und bin fortan mit Iltschi zu einem anderen Bäcker gefahren.

Kleine Philosophie vom Fahrrad

Heute frage ich mich manchmal, ob es nicht eine unzulässige Verquickung der Mythen war, mit dem Bonanza-Rad Winnetou zu spielen. Eine typische Pseudo-Erwachsenen-Frage, sie hat sich früher einfach nicht gestellt. Das Rad gab die Antwort: Mein Fahrrad hat sich schlicht und ergreifend geweigert, mit einem fetten Cartwright drauf über die Ponderosa zu gurken. So einfach war das.

Das Rad gab den Ton an, und meine Eltern wussten das sehr wohl. Es war bestimmt kein Zufall, dass der Eberhard und die Renate all ihre Ängste und ihr Sicherheitsbedürfnis auf mein Fahrrad projizierten. Das Helmi-Über-Ich! Ich durfte zum Beispiel erst dann auch in das Gebiet jenseits der großen Straße, als der Abstandhalter korrekt anmontiert war. Der *Abstandhalter*, jene ausklappbare, orangefarbene Polizeikelle, war ja der Garant für Sicherheit im Straßenverkehr. Und weil der Feind immer auch rechts stand, hatte ich auf beiden Seiten so ein Ding. Da konnte praktisch gar nichts mehr passieren, und meine Eltern waren zufrieden.

Es ist schon komisch, immer wenn ich übers Radfahren nachdenke, komme ich regelrecht ins Philosophieren. Weil es so etwas Grundlegendes ist, das Fahrrad. Die Chinesen, nur um ein Beispiel zu bringen, die Chinesen *lieben* das Rad. Und die haben auch mit weitem Abstand die allermeisten Fahrräder auf der ganzen Welt. Ich habe das einmal ausgerechnet: Wenn alle Chinesen gleichzeitig mit ihren Fahrradklingeln klingelten, dann würde durch die so entstehende Schallwelle die Erde aus ihrer Umlaufbahn geworfen.

Ganz im Ernst, das Fahrrad gehört zu den wichtigsten Dingen überhaupt. Ein Fahrrad sagt alles – zumindest über seinen Besitzer. Das ist so. Das ist ein Elementarsatz des Lebens: »Zeige mir dein Fahrrad, und ich sage dir, wer du bist.«

Ich meine, jeder muss selber wissen, was für ein Rad er sich kauft oder klaut. Klar ist nur: man trifft eine Entscheidung. Und zwar für die Ewigkeit.

Viele wissen es ja nicht, aber das allererste Fahrrad bestimmt das ganze Leben, und das oft fundamentaler als der Ödipuskomplex. Mal angenommen ein Vater, schenkt seinem fünfjährigen Sohnemann ein Fahrrad, sagen wir 26 Zoll, der Bub setzt sich drauf und –? Er kommt mit den Füßen nicht an die Pedale. Aus, vorbei. Da bringt das Kind den Vater um und heiratet die Mutter (vorausgesetzt natürlich, sie besorgt ihm ein gescheites Fahrrad).

Philosophisch diffizil ist freilich, dass es keine wirklich festen Regeln für das perfekte Rad gibt. Die Menschen sind so verschieden wie die Fahrradtypen und -marken. Es gibt Kettler-Menschen, Hexe-Typen, Peugeot, Quelle. Kann natürlich bitter sein für ein Kind, wenn es ein No-Name-Fahrrad kriegt. Aber wenn's halt passt, wenn das Kind nun mal ein gesichtsloser Niemand werden soll? Das Rad hat immer Recht. Aber weiß man's vorher?

Existenzieller Fixpunkt ist allein, dass das Fahrrad determiniert, aber einige Axiome dürfen als gesichert gelten: Wenn man in der Kindheit ein Bonanza-Rad hat, wird man höchstwahrscheinlich ein guter Mensch. Wer als Kind dagegen ein Holland-Rad sein Eigen nennt, kauft sich später einen Wohnwagen und blockiert die Autobahn. Und ein Junge, der zu lange auf einem Damenrad mit Rücktrittsbremse fährt, wird schwul. Da gibt es nichts dran zu deuteln. Ist man erst mal erwachsen, ist es zu spät. Wie sagt der Philosoph?

»An ihren Fahrrädern sollt ihr sie erkennen.«

Man muss sich nur die Super-Helmis anschauen, die Typen mit dem ewig verkehrssicheren Fahrrad. Mit Außenspiegeln! Da weiß man doch Bescheid. Diese Flickzeug-Fetischisten, die hingen nicht an der Nabelschnur, sondern an einem Ersatzschlauch und wurden mit der Fahrradflasche gestillt. Das sind Bastler, Heimwerker-Kreaturen – die radeln nicht, die schrauben nur rum an ihren Göppeln:

»Jippie, ich hab' einen Platten!«

Oder: Was bitte soll man von Leuten halten, die heute noch ein Klapprad fahren? Ein Klapprad ist so praktisch, radeln kann man halt nicht damit. Wobei, um damit eine umhäkelte Klorolle vom Zelt zum Campingplatzklo zu transportieren – dafür reichts. Und wie steht's mit den Liegeradlern? Ökologisch korrekt brausen sie durch die Innenstadt auf ihren tiefergelegten Vehikeln, nur wenn sie in einen Stau kommen, fallen sie einfach um.

»Zeige mir dein Fahrrad, und ich ich sage dir, wer du bist.«

Man nehme die Rennrad-Radler, die Fitness-Fans, die Joschka-Scharping-Ullrich-Typen. Von APO zu EPO, jeden Tag eine kleine Tour de France und, in Frankreich siegen, ist am schönsten siegen. (Natürlich in grellbunten, wurstpellesken Uniformen.) Die Rennradler, das sind bucklige, komplett aerodynamische Menschen. Die sieht man oft gar nicht, so aerodynamisch sind die. Am Feierabend springen sie aufs Bike, und am nächsten Morgen kommen sie breitbeinig und mit geschwollenen Eiern ins Büro.

Im Vertrauen: Am allerschlimmsten sind die Trimmradler, die Rad-Kastraten, Menschen, die in Kellern auf Hometrainern Fahrrad fahren. Die Hölle.

Und die Hölle sieht aus wie ein deutscher Hobbyraum – mit Hometrainer. Und auf dem muss man dann radeln in alle Ewigkeit, am Horizont nichts als Nut- und Federbretter. Und man kommt nie vom Fleck!

Seinen kategorischen Radl-Imperativ soll jeder selber finden, doch dies zuletzt. Zweierlei gilt für alle Menschen, gleich welcher Hautfarbe, welchen Geschlechts, egal ob jung oder alt, ob reich, ob arm, ob schön, ob hässlich:

Es gibt nichts Demütigerendes als Stützräder, und ein Fahrrad-Helm macht aus jedem einen Idioten.

Der Hahn, das Huhn, Dagmar und die Kuh
(Meine kleine Farm I)

> »Was kann man noch tun
> beim Küssen, außer Lippen?
> Kaugummis tauschen?«
> (Uli Becker)

Als ich Mitte der 80er zum ersten Mal in der DDR war und das erste Mal in einer Ostberliner Schnell-Fresse ein halbes Hähnchen aß, habe ich es nur wegen des Namens getan. *Broiler mit Sättigungsbeilage*, geile Sache das – vom Namen her, meine ich. An der Bezeichnung für das traurige Drumherum habe ich mich nie gestört, aber einen Hahn »Broiler« zu nennen, das machte mir mit meinen 15 Jahren die geteilte Heimat doch zu einer fleischlichen Erfahrung.

Und ich war damals oft im Osten, sieben Mal um genau zu sein, um ganz genau zu sein: sieben Mal binnen eines Jahres, und jedes Mal habe ich die Zonenversion eines halben Hähnchens genossen.

An sich hatte ich überhaupt keinen Bezug zur DDR. Wir hatten keine Verwandtschaft dort und dem Eberhard und der Renate war der real existierende Sozialismus trotz K-Gruppe und Marx-Lektüre-Kreis reichlich schnuppe. Sicher, wenn meine Eltern die Nachbarschaft mal wieder zur Welt-Revolution aufriefen, ließ Herr von Ginten schon mal ein gepflegtes »Geht doch nach drüben« über den Gartenzaun erschallen, aber das nahmen meine Eltern glücklicherweise nie ernst.

Die DDR spielte eigentlich keine Rolle, bis in der Schule Brieffreundschaften in Mode kamen. Speziell der Kontakt mit Gleichaltrigen, die in einem Unrechtsstaat geknechtet wurden, hatte was Superlässiges. Es war aber auch verrucht, mal ein *Bravo*-Heftchen in die Diktatur zu schicken – und die Pubertät tat das Übrige. Meine Brieffreundin lebte in Ost-Berlin und hieß Dagmar. Nach meinem ersten Besuch cancelten wir das *Brief-*, und die Sache nahm ihren gewünschten Gang.

Heute kann ich das ganz locker niederschreiben: Ja, ich wurde deutsch-deutsch entjungfert. Und danach gab's Broiler. Nur für Interessierte an meinem Privatleben: Es war richtig prima, mein erstes Mal. Dagmar sagte:

»Fein war's«.

Nicht mehr, aber auch nicht weniger. Ich habe das schon als Kompliment genommen, weil Dagmar weiter war als ich. Sie war fast 17, und Sex lief in der Zone ohnehin viel relaxter ab als bei uns. Man muss das systembedingt sehen, vor dem ersten Mal hatten die ja bereits einen Kindergartenplatz, da poppte es sich natürlich entspannter. Wobei wir solche Wörter 1985 nie sagten. Dagmar sagte zum Geschlechtsverkehr nicht etwa »vögeln« – was unserem post-koitalen Essritus weit näher gekommen wäre –, sondern »dubsen«. Dubsen – noch so eine innerdeutsche Erfahrung.

Klar haben wir auch politische Diskussionen geführt, verbissen und stur, meist endeten sie mit der Frage, was zuerst da gewesen sei, das Ei oder die Henne. Egal, schön war es trotzdem, und beim Broiler versöhnten wir uns eh. Dagmar ist inzwischen mit einem Mainzer verheiratet und betreibt einen Ferien-Bauernhof im Taunus, ich habe einmal Urlaub gemacht dort, aber das ist eine ganz andere Geschichte.

Wie auch immer, seit dieser Zeit mit Dagmar denke ich oft über Huhn und Hahn nach. Völlig grundlos kommt mir in den Sinn, dass der Hahn eigentlich eine arme Sau ist. Immer wenn er kräht, wird irgendein Unschuldiger geweckt oder der Jesus verraten, und er bekommt's ab. Und landet in der Braterei.

Den Hühnern geht es auch nicht viel besser. Auf einem anderem Bauernhof, nicht im Taunus, sondern in der Mecklenburger Seenplatte, habe ich mich nach der Wende einmal länger mit einer Kuh unterhalten, und die hat mir erzählt, dass die Hühner alle verkappte Lesben wären.

»Und wenn schon«, sagte ich zu ihr, aber sie war so eine richtig blöde Kuh. Ständig stichelte sie gegen die Hühner:

»Vom Fötus zum Spiegelei, vom Fötus zum Spiegelei.«

Das ist nicht nur dümmstes Lebensschützerdeutsch, sondern auch noch falsch, aber sprachlich war sie richtig fies, eine echte Ost-Kuh:

»Zwischen Huhn und Hahn regiert der Hohn«, muhte sie und hat andauernd *Der Hahn ist tot* gepfiffen. Dabei konnte sie das gar nicht. (Oder hat irgendjemand schon mal eine Kuh pfeifen hören? Also schön ist das nicht.)

Erst nach einiger Zeit kam ich dahinter, dass die Kuh schlicht und einfach neidisch war, regelrecht vom Neid zerfressen. Ihre Lieblingsbeschäftigung war nämlich das Lösen des Kreuzworträtsels im *ZEIT-Magazin* – und sie kam nie darin vor. Es wurde immer nur nach dem »kürzesten deutschen Kreuzworträtselwort, das nur aus Vokalen besteht und das man auch weich gekocht essen kann« gefragt, und die dumme Kuh wusste es nicht. Ihren Frust aber ließ sie an den Hühnern aus – und am Hahn.

So war das damals, heute sehe ich Dagmar nur noch selten, *das ZEIT-Magazin ist tot,* und *Broiler* nehme ich nicht mehr in den Mund.

Der Weg nach Osten ist ein steiniger.

Die Einschulung

Kinder, sagt man, treten in die Fußstapfen ihrer Eltern, oder sie machen alles anders. Ich liege irgendwo dazwischen.

Sicher, gemessen an den Idealen meiner Erzeuger bin ich ein reichlich missratener Spross, aber im praktischen Leben sind wir gar nicht so verschieden. Ich lebe zum Beispiel in einer Wohngemeinschaft. Das finden die Renate und der Eberhard ziemlich cool, ihr Sohn wohnt in 'ner WG! Zugegeben, es handelt sich um eine Doppelhaushälfte – doch wir leben da zu viert. Zwei Paare. Marion und A. gehören zusammen und meine Angetraute und ich natürlich.

Ohne denen, die in sentimentalen Erinnerungen an ihre Kommunenzeit schwelgen, allzu nahe treten zu wollen, aber unser Zusammenleben klappt bestens. Keine WG-Sitzungen, weder Putz- noch Kochplan, keine lila Kasse. Vielleicht liegt es an der Konstellation der Personen, es funktioniert halt – mit den einfachsten Mitteln der verbalen Kommunikation.

Wobei mit dem Stichwort »Kommunikation« auch schon mein einziges, wenn auch größtes Problem beim Zusammensein mit anderen angesprochen wäre. Es betrifft meinen Namen. Immer, wenn Menschen Nähe zueinander suchen oder für lange Zeit auf kleinem Raum zusammengepfercht sind, bilden sich ja Kose- und Spitznamen aus. Leider kann man sich diese nicht aussuchen, und mit dem Namen Jess haben mir meine Eltern ein ganz schönes Ei gelegt.

Zeit meines Lebens litt ich unter Yes-Torty-Witzen und nahe liegenden Verballhornungen in englischer Sprache.

»Wie heißt du?«

»Jess.«

»Ah − der *No*.«

Oh, ich habe es gehasst und meine Namensgeber verflucht. Als ob »Renate« besser wäre, nur wird man damit eben nicht sofort gehänselt. Aber dass ich noch heute von meiner Wohngemeinschaft »Jessi« genannt werde, macht mich fertig. Irgendwann muss das doch vorbei sein. Wer sich liebt, der neckt sich, und da gehört der *nickname* wohl mit zum Programm. Aber »Jessi« ist weder lieb noch lustig! Genauso wenig witzig finde ich es, dass sowohl meine Mitbewohnerin Marion als auch meine Süße Tampons der Marke Jessa verwenden. Die denken sich da noch nicht mal was dabei. Den Namen wird man einfach nicht los, und meiner ist kein Spaß.

Schlimm ist das heute immer noch, aber früher war es eine einzige Katastrophe. Mit dem Namen *Jess Jochimsen* warst du in Bayern der komplette Volldepp, kein Schwein konnte das aussprechen, geschweige denn schreiben.

Ich wäre wegen dieses Namens beinahe nicht eingeschult worden.

Dabei wollte ich von ganzem Herzen in die Schule. Nach viereinhalb Jahren marxistisch-leninistischer Krabbelgruppe und ideologiekritischem Kinderladen wollte ich unbedingt da hin. Im schulfähigen Alter war ich, daran lag es nicht, außerdem hatte ich die beiden Tests für die Schulreife bestanden. Zum einen: Ich konnte auf dem Strich gehen. Problemlos. Das musste man damals, wenn man in die Schule wollte.

Zehn Meter auf einem Kreidestrich entlanglaufen, ohne auf die Fresse zu fallen. Konnte ich. Die zweite Prüfung bestand aus einer Turnübung. Mit dem rechten Arm über den Kopf ans linke Ohr. Und umgekehrt. Wenn man das konnte, war man in Bayern schulreif – oder hatte zumindest sehr lange Arme für sein Alter. Egal, ich war reif!

Die Problematik meiner Einschulung lag eher in meinen Eltern und der Zeit begründet. Ich sollte ja 1977 damit beginnen, lesen und schreiben zu lernen, und 1977 tobte der deutsche Herbst, es war die Zeit der Schleyer-Entführung und der RAF. Der Eberhard und die Renate hielten die Schule für eine ideologisch äußerst bedenkliche Einrichtung. Ein politisch hochbrisantes Klima herrschte, und *Schule*, sagen wir es, wie es ist, war für meine Eltern eine *kryptofaschistische Institution des Staates.*

Ich hatte keine Ahnung davon, was genau die Schule sein sollte, ich wusste gerade einmal, dass es sich um etwas Faschistisches handelte – und ich wollte da hin; meine Sandkastenkumpels wollten ja auch, warum ich also nicht?

Aber meine Eltern hat das mit der Schule schlicht und ergreifend nicht interessiert. Die saßen in der Küche, diskutierten endlos über die politischen Ereignisse und nahmen Drogen. Mich ergriff Panik, dass die Renate und der Eberhard meine Einschulung verpennen, die Anmeldung einfach vergessen könnten, weil sie ständig am Labern waren und dabei ganze Felder wegkifften. Sie hockten rum und bauten in einer Tour Tüten. Riesendinger waren das, *don't bogart that joint my friend,* und diese Tüten wurden dann geraucht, bis die Augen nur noch aus den Pupillen bestanden. Als ich schließlich doch noch in die Schule kam, habe ich die Schultüten für etwas zum Rauchen gehalten!

Verunsichert und aufgeregt betrat ich den ungeheuren Betonbau der staatlichen Wittelsbacher Grundschule. Mein erster Schultag! Zur Begrüßung mussten sämtliche Eleven nebst ihren Eltern auf den akkurat aufgestellten Stühlen in der Aula Platz nehmen. Das erste Gefühl, welches mich beschlich, lässt sich mit einem Wort präzise beschreiben: Neid. Alle anderen Kinder waren gekämmt und anständig angezogen, ein sauberes Hemd, gebügelte Hose, Halbschuhe, in den Händen stolz die Schultüte und zur Rechten und Linken: Mama und Papa. Ich dagegen saß bedröppelt da, trug Sandalen und ein lila Batikleibchen. Neben mir lümmelten, in ihren Bewegungen doch recht verlangsamt, Renate und Eberhard mit verfilzten Haaren und Strickzeug. Welch ein Auftritt in der Aula der Wittelsbacher!

Der Direktor hielt seine Rede. Dass von nun an alles anders würde, sagte er, und dass uns ein neuer Lebensabschnitt erwarte. Er sprach von Verantwortung, Pflichten und Leistung. Die anwesenden Erziehungsberechtigten lauschten andächtig, ab und zu wurde geklatscht. Nur die Renate hat »buh« gerufen, während der Eberhard abwesend strickte. Mann, war mir das peinlich.

Sagen durfte ich freilich nichts, weil ich mich noch keineswegs auf der sicheren Seite befand. Ich war nämlich noch nicht wirklich eingeschult, denn hierzu mussten erst die Klassen eingeteilt werden. Bei hundertzwanzig ABC-Schützen sollte es dann doch drei erste Klassen geben. Zum Zwecke der Aufteilung wurden alle aufgerufen. Der Direktor *himself* rief alle Kinder namentlich auf, sie mussten sich erheben und wurden von einer der drei engelsgleichen Grundschullehrerinnen an der Hand genommen und in je eine Ecke der Aula zum Sammeln geführt.

Die ersten vierzig Kinder trafen sich an der linken Wand unter dem überdimensionalen Kruzifix. Das hing damals noch völlig legal an Bayerns Schulen. Die zweite Gruppe hatte sich auf der gegenüberliegenden Seite einzufinden, neben der marmornen Büste von Franz Josef Strauß. Der Ministerpräsident war zwar noch am Leben, stand aber trotzdem da rum. Die dritte Klasse schließlich durfte zur Hauptautorität der Institution, von Kirche und Staat quasi flankiert, zum Kiosk des Hausmeisters. Tempel der Glückseligkeit. Der Hausmeister war der Herrscher über Brezen und Brötchen, Snickers, Mars, Hanuta, Raider (Fuck Twix!), Ahoi-Brause, Sunkist und Capri-Sonne. Das Paradies! In diesem Moment wusste ich, warum ich in die Schule wollte.

Alle wurden sie nacheinander aufgerufen, ALLE – außer mir. Warum, zum Teufel, fiel mein Name nicht? Ich ahnte es, meine Eltern hatten die Anmeldung verschlafen. Ich hatte es gewusst! Jeder kam dran, nur ich nicht. Es war wie die Reise nach Jerusalem, nur umgekehrt. Ein jeder hörte das erlösende Zeichen, stand von seinem Stuhl auf und ging. Nur ich blieb sitzen. Mein Gott, noch nicht einmal in der Schule, und schon sitzen geblieben. Wie demütigend war es doch, die wenigen mir vertrauten Menschen fortgehen zu sehen. Katja Berger, die ich schon auf dem Spielplatz mehr als nur liebte, wurde aufgerufen und verließ mich. Harald Meyer durfte, obwohl er stark lispelte, in die Schule. Selbst Astrid von Ginten, die dumme Ziege, erhielt die Fahrkarte in die bessere Welt. Name um Name erschallte, aber kein Jess Jochimsen. Als einer der Letzten wurde dann sogar Erwin Moser aufgerufen, und ich brüllte mit tränenerstickter Stimme:

»Der kann keine zwei Meter auf dem Strich gehen, und an seine Ohren kommt er auch nicht ran mit seinen Wurstfingern!«

Keiner hörte mich. Die Schmach war perfekt: Der dicke Erwin durfte zum Kiosk, und ich musste zurück in den Kinderladen. Das war das Ende. Alle Namen, die es überhaupt gab auf der Welt, hatte der Direktor aufgerufen. Alle. Außer Jess Jochimsen.

Von meinen Eltern brauchte ich keine Hilfe zu erwarten. Ich senkte den Blick und begann zu beten, aber kein Engel erschien, um mich zu den anderen zu geleiten. Irgendwann schloss ich meine Augen, weinen sollte mich niemand sehen. Da hörte ich die sonore Stimme des Direktors:

»Jens Joachim.«

Ich blinzelte und wischte mir den Rotz aus dem Gesicht.

»Jens Joachim. Wo ist der?«

Vorsichtig sah ich mich um. So ein Idiot, dieser Jens, dachte ich, der wurde aufgerufen und war nicht da. In diesem Augenblick sagte die Renate zu mir:

»Jetza steh schon auf. Du wolltest doch in d'Schule.«

»Jens Joachim!« Der Direktor wieder.

»Zefix, bist du taub, Bua? Na geh schon!«

Da fiel es mir wie Schuppen von den verheulten Augen. Die Renate wollte bescheißen. Erst verpennte sie, mich anzumelden, und jetzt gab sie mich für einen anderen aus, für diesen Jens Joachim, und der Eberhard mischte natürlich auch mit.

»I hab' koan Bock mehr, hier weiter rum zum Stricken. Burschi, schau', dass'd nach vorn kimmst.«

Ein Komplott, eine Verschwörung. Der Direktor wurde jetzt langsam ungeduldig.

»JENS JOACHIM!!!«

Zaghaft meldete ich mich. Warum auch nicht, wenn ich so in die Schule kam. Vielleicht war dieser Jens ja tot? Was aber, reflexartig zog ich den Arm zurück, wenn er nur krank war? Windpocken, Pfeiffersches Drüsenfieber? Eines Tages würde er wieder gesund sein, wiederkommen, und der ganze Schwindel würde auffliegen. Ich nahm all meinen Mut zusammen und stand auf.

»Herr Direktor! Ich bin nicht der Jens, ich bin der Jess! Ich wollte ...«

Doch dem Direktor war das egal. Er hörte gar nicht zu, sondern hakte mich einfach auf seiner Liste ab. Das durfte doch nicht wahr sein, meine Schullaufbahn sollte mit einer Straftat beginnen. Mit Betrug an Bayerns Schulwesen!

Was heckten meine Eltern da aus? Fieberhaft überlegte ich. Mein Gott, natürlich: September 1977. Die Schleyer-Entführung. Die RAF. Hatten der Eberhard und die Renate den kleinen Jens heimlich entführt, ermordet und verscharrt? Damit ich an seiner Stelle in Schule könnte? Err-Aah-Eff, Renate-Aberhard-Fraktion, Kommando 1. Schultag! Es handelte sich um einen von langer Hand vorbereiteten Austausch. Jess Jochimsen statt Jens Joachim. Wegen der täuschend ähnlichen Namen fiel niemanden etwas auf. Das perfekte Verbrechen: den gleichaltrigen Jens beseitigt, damit ich unter seinem Namen eingeschult werden konnte. Wahrscheinlich müsste ich sogar zu seinen Eltern ziehen, damit die keinen Verdacht schöpften. Vor meinem geistigen Auge erschien eine modisch gekleidete, groß gewachsene Frau und fragte mich:

»Wie war denn dein erster Schultag, Jens, hm?«

Auf diese Frage vorbereitet, erfüllte ich, brillanter Schauspieler, der ich war, meinen Teil des teuflischen Plans:

»Ganz schön. Danke der Nachfrage, Frau Joachim, äh, Mama.«

Was aber, wenn sie wider Erwarten doch Verdacht schöpfte und zur Polizei ginge? Dann käme alles heraus. Ich sah schon die Fahndungsfotos beim Bäcker. Die GSG 9 stürmt die Grundschule, um mich ins Gefängnis zu bringen oder – schlimmer noch – zurück in den Kinderladen.

In diesem Moment nahm mich eine der Lehrerinnen bei der Hand und führte mich zum Kiosk.

»Komm, Jens!«

Und ich war zum Verbrecher geworden.

Aber immerhin eingeschult.

Die erste Zeit habe ich in unglaublicher Angst gelebt und gelernt. Wenn dieser Coup aufgeflogen wäre, wäre ich dran gewesen. Ich wäre nach Stuttgart-Stammheim verfrachtet worden, in die Isolationshaft des Hochsicherheitstraktes. RAF-Anwalt Otto Schily hätte sich ein paar Jahre lang vergebens um meine Verteidigung bemüht. (Wenn Herr Schily heute von diesem Verbrechen erführe, würde er freilich keinen Finger mehr krumm machen. Er würde mich wahrscheinlich direkt abschieben – wegen meines Namens nach Norwegen.) Allein, niemand hat jemals etwas gemerkt. Bis auf den heutigen Tag weiß ich nicht, wo meine Eltern den kleinen Jens vergraben haben.

Im Laufe der Zeit ließ meine Angst immer mehr nach, und was mich dann gänzlich in Sicherheit wog, war eine Banalität. Das Sportfest. Anfangs konnte man mich ja getrost als Fleisch gewordene Niete bezeichnen. Laufen, Werfen, Weitsprung stellten für den schmächtigen Jens Joachim große Probleme dar. Bei den Bundesjugendspielen in der dritten Klasse jedoch hatte ich den Dreh raus und erhielt eine Ehrenurkunde; keine vom Direktor unterzeichnete Siegerurkunde, nein, eine *Ehrenurkunde*, und die war vom unbestechlichsten Mann des Staates unterschrieben, von Karl Carstens persönlich. Und was stand da, schwarz auf weiß? »Ehrenurkunde für Jens Joachim.« Also, wenn nicht einmal der Bundespräsident etwas merkte, wer dann? Später, auf dem Gymnasium, wurde ich gelegentlich sogar bei meinem richtigen Namen genannt, und irgendwann schien die Sache gegessen zu sein. Ich glaube, diese Geschichte ist eines der ganz wenigen ungeklärten Verbrechen der RAF.

Rückblickend aber kann ich sagen, dass ich keinen Tag meiner Schulzeit missen möchte. Schule war so wichtig für mich, ich lernte Dinge, die kannte ich von meinen Eltern her gar nicht. Disziplin, Gehorsam, Prügelstrafe. Wunderbar. Zu Hause wurde *Peace* groß geschrieben, in der Wittelsbacher dagegen gab es endlich Waffen. Den Zirkel, die Laubsäge, das Linolschnittmesser. Und was am wichtigsten war: In der Schule ging es um die wirklich bedeutenden Fragen des Lebens, nicht um so läppische Unterscheidungen wie »links oder rechts«, »Russland oder Amerika«, »Krieg oder Frieden«. Nichts dergleichen. Die Frage, die nur in der Schule gestellt wurde, die alles entscheidend und prägend war, lautete: »Geha oder Pelikan?«

Familienplanung

In memoriam Rechtschreibung

So komisch das klingt, meine Eltern legten äußerst großen Wert auf gute schulische Leistungen.

Ein bizarre Blüte der Post-68er-Pädagogik: Der *Institution* Lehranstalt gegenüber blieben der Eberhard und die Renate während meiner gesamten Schulzeit skeptisch eingestellt, aber die Noten hatten zu stimmen. Also, wenn das nicht paradox ist: Ich sollte gerne ein bisschen aufsässig sein und rebellieren, aber lauter Einsen heimbringen – schaff das mal. Was hatte ich Schiss, wenn es Zeugnisse gab und ich die zu Hause vorzeigen musste. Wenn in der Spalte für *Betragen* stand:

»Jens ist fleißig und ordentlich. Er macht mit und passt sich gut an.«

Da ist für meine Eltern beinahe eine Welt zusammengebrochen (und der falsche Name half gar nichts.) Und hatte ich dann endlich mal die ersehnte Rüge für heimliches Rauchen auf dem Schulklo, waren eben auch die Noten dementsprechend. Recht machen konnte man es ihnen praktisch nie.

Der Ehrgeiz meiner Eltern richtete sich vor allem auf die Rechtschreibung. Nicht genug, dass das in der Schule bis zum Erbrechen geübt wurde, die Leistungen in Deutsch mussten immer top sein. Bei einer Vier im Diktat war Schluss mit lustig. Über Wochen trainierte die Renate mit mir Lesen und Schreiben. Ich habe keine Ahnung, warum sie mich gerade hier so traktierte. Vielleicht, weil sie den Pädagogen der Nationalsprache einfach misstraute oder weil Sprache wirklich Macht war oder was auch immer. Nachmittage lang erfand sie Texte und versuchte, mir den lebenswichtigen Unterschied zwischen dem »Fenster-F« und dem »Vogel-V« und andere sprachliche Raffinessen einzutrichtern.

Einmal diktierte sie, um mir eine Freude zu machen, den Satz:

»Winnetou war der Häuptling der Apachen.«

Und ich schrieb:

»Finetu war der Heubtling der Appatschen.«

Da hätte mich die Renate zum ersten Mal fast geschlagen.

Später übernahm dann der Computer meine sprachliche Erziehung. Natürlich wollte ich einen Commodore-Rechner, wie ihn alle hatten. Auf denen konnte man wunderbar *Summergames* spielen und sich durch das permanente Ruckeln am Joy Stick eine Sehnenscheidenentzündung holen. Aber meine Eltern bestanden auf Atari, dessen hervorstechendste Eigenschaft die Thesaurus-Funktion im Schreibprogramm war. Und weil diese Rechtschreibhilfe in den frühen Versionen alle Texte bis zur Unkenntlichkeit entstellte, »Winnetou ist unbekannt, biete an: Winter-Tour«, war ich gezwungen, doch noch halbwegs richtig Lesen und Schreiben zu lernen.

Friede, Freude, Eiersuchen

Was ich total furchtbar fand als Kind, waren Wochenenden und Ferien.

Der Eberhard und die Renate blieben ewig im Bett. Ich wollte frühstücken, und die haben erst mal rumgemacht. Anders formuliert: Weil Zeit war, erinnerten sich meine Eltern an den eigentlichen Sinn ihres Zusammenlebens und liebten sich wie die Fischotter. Da hätte ich, selbst wenn der Willen vorhanden gewesen wäre, keine Chance gehabt, weiterzuschlafen. *Pink Floyd* konzeptrockte in ohrenbetäubender Lautstärke, die Renate hat geschrien wie am Spieß, der Eberhard gebrüllt wie ein Stier, und mir knurrte der Magen.

Irgendwann kamen sie dann doch aus ihrem Schlafzimmer heraus, und wenn sie das Bettlaken mitbrachten, wusste ich: Das wird heute wieder ein Scheißtag. Denn Bettlaken bedeutete Wandern, und Wandern habe ich gehasst.

Wie alle Kinder. Ab dem Moment, an dem man an Spazierengehen, Bergsteigen und anderen Freizeitgestaltungen auf Schusters Rappen Gefallen findet, ist man kein Kind mehr, sondern hat welche. Wie alle Kinder konnte aber auch ich mir meine Eltern nicht aussuchen, und in meinem Fall war das besonders schlimm. Wir nämlich wanderten nicht im engen Familienkreis. Sämtliche Freunde und Bekannten meiner Eltern waren mit von der Partie; ein regelrechter Wandertag machte sich da auf den Weg. In die Stadt. Wir sind ja nie aufs Land gefahren, immer in die Stadt. Der alte Mercedes wurde weit außerhalb geparkt, und dann sind wir losgelaufen, in Richtung Stadtmitte. Ich hielt das für ein mehr als albernes Unterfangen, man hätte durchaus die U-Bahn nehmen können, eine Gruppenermäßigung wäre locker drin gewesen. Aber nein: zu Fuß. Stundenlang. Es wurden sogar extra Straßen abgesperrt, damit man besser *wandern* konnte. Komme, was wolle.

Es gibt kein falsches Wetter, nur falsche Ausrüstung, aber anstatt fester Kleidung und einer anständigen Brotzeit haben alle ihre Bettlaken mitgenommen. Ich dachte mir nur: Was für ein perverser Verein. Dabei wollte gar niemand in der Stadt übernachten. Alle haben ihre befleckten Laken zwischen zwei Stangen geknotet und die dann spazieren getragen. Es handelte sich um eine Art St. Martins-Umzug für Erwachsene. *Ich geh' mit meinem Bettlaken, rabimmel rabammel rabumm!* Da verliert man als Kind den Glauben an den mündigen Menschen. Ich schämte mich zu Tode, wenn mich ein Schulkamerad gesehen hätte, wäre ich die Rolle als Klassendepp nie mehr losgeworden.

Als ob das nicht schon genug der Peinlichkeiten wären, hatten alle ihre Bettlaken auch noch beschriftet. Auf dem besudelten Laken meiner Eltern stand:

»Petting statt Pershing!«

O Mann! *Petting* kannte ich, das hatte es ja eben erst gegeben, in der Früh, live daheim. Angesichts dessen musste *Pershing* etwas Grauenvolles sein. So lief sie ab, meine politische Grunderziehung: Bettlaken einsauen, beschriften und dann stundenlang in der Öffentlichkeit demonstrativ hochhalten.

Für den Frieden. In solchen Momenten habe ich mich nach *Pershing* gesehnt.

Ich habe nie kapiert, warum ausgerechnet meine Eltern für die Atomkraftwerke und den Weltfrieden zuständig waren – und das jedes Wochenende. Und an den Feiertagen. An Pfingsten. AN OSTERN! Da unternahmen wir dann mehrtägige Ausflüge. Mal nach Brokdorf, mal nach Bonn, klassische Urlaubsziele eben. Meine Mutter und ihr Osterferien-Schlachtruf:

»Auf geht's, Bua. Wir fahr'n nach Gorleben zum Zelten!«

Toll! Mein jährlicher Abenteuerurlaub, Spazierengehen im trauten Kreis von 10000 Leuten, die alle so aussahen wie der Eberhard und die Renate – da wurde dir mulmig. Friedlich ist anders!

Schon das Event klang so friedlich: Der Ostermarsch, mit Betonung auf Marsch. Eine brüllende, wilde Horde kriegsmüder Hippies marschierte flankiert von bis an die Zähne bewaffneten, friedensbereiten Ordnungshütern. Als Kind wusste ich nicht, vor wem ich mehr Angst haben sollte. Na denn, Frohe Ostern, und nichts war's mit Eier suchen – Eier werfen stand auf dem Programm. Am österlichen Brauchtum bin ich komplett vorbeierzogen worden.

Die Krönung des Ganzen war jedoch das Motto der Veranstaltung: *Frieden schaffen ohne Waffen!* Jedes Kind wusste, dass das Unsinn war. Der Gegner erschien bestens ausgerüstet in der Arena. Die Polizisten rückten an mit Tränengas und Wasserwerfern, und meine Eltern standen da mit Schmutzwäsche.

»Passt's bloß auf, ihr Bullenschweine, wir haben nämlich Bettlaken!«

Die Laken wurden als Erstes gewaschen. Dann wir. Ohne Vorwäsche, kein Schongang, gleich Schleudern. Ordnungshüter mit Persilschein, Clementine an der Flak – BLAMM! –, da weiß man, was man hat!

Und dann sind alle weggelaufen. Alle außer mir. Ich konnte nicht mehr, die Beine taten mir weh vom Wandern, ich war total durchnässt, halb verhungert, Rotz und Wasser habe ich geheult, teils wegen des Tränengases, teils, weil die Renate und der Eberhard einfach weg waren. So sah mein Osterfest aus. Jedes Jahr. Ich habe nicht eine Minute lang Eier gesucht, sondern zwei Tage meine Eltern.

Was hätte ich darum gegeben, nur ein Mal, ein einziges Mal, normal Ostern zu feiern. Wie Harald, Erwin oder Astrid. Offen gebe ich es zu, ich habe mich nach Spießigkeit gesehnt. Ich wollte so sein wie die anderen. Ich wollte Ferien haben, wie sie alle hatten. Ostern, jenes idyllische Fest der Familie, der friedvollen, harmonischen Zusammenkunft, an dem gesunde deutsche Kinder selig-suchend durch Einfamilienhäuser tapsen. Das wollte ich, und »Schmunzelhase!« rufen. Von strahlenden Erziehungsberechtigten wollte ich liebevoll den Weg gewiesen bekommen:

»Der Osterhase hat's dir gar nicht schwer gemacht, Mäuschen.« Ich wollte große Kulleraugen haben wie die anderen und trunken sein vom Erfolg, weil ich nach nur ganz kurzer Zeit das zweieinhalb Meter große marzipangefüllte Milka-Häschen gefunden hatte. »Schmunzelhase!«

Und Eltern wollte ich, die strahlend vor Glück waren ob dieser detektivischen Meisterleistung, weil es nämlich gar nicht so einfach gewesen war, den lila-leuchtenden Schoko-Koloss hinter dem durchsichtigen Wohnzimmervorhang zu entdecken.

Ich wollte Eltern, die daraufhin »der Kleine macht bestimmt mal Abitur« sagten und stolz die Polaroidkamera zückten, um Tausende von Bildern zu schießen, wie das gelungene Produkt ihrer Erziehung die kleinen Beißerchen durch die Aluhülle hindurch in die Schokolade schlägt. Und dann wollte ich mich glücklich und routiniert auf der erst

kürzlich erworbenen Ikea-Coach übergeben. All das wollte
ich. Stattdessen lag ich auf einer Demo im Schlamm.

Da ist doch was im Busch.

In einem unbekannten Land vor gar nicht allzu langer Zeit

Der Kindergeburtstag

Eine der fieseren Foltern, die das Leben bereitstellt, ist der Geburtstag, speziell der Kindergeburtstag. Kinder, jene Geschöpfe, die sich noch nicht wehren können, müssen feiern. Kinder können nichts dafür, dass sie älter werden. Trotzdem: Einmal im Jahr haben sie anzutreten – zum Kindergeburtstag.

Wer hat das eigentlich erfunden? Den Kindergeburtstag? Wer? Der Bundesverband gallenkranker Kindergärtnerinnen? Unsere Eltern? Also meine nicht. Die Großeltern? Die hatten so was ja nicht. Keinen Kindergeburtstag! Die Bärenmarken-Oma erzählte oft:

»Damals, in den schweren Jahren, war des unmöglich. Aber unsere Kinder und Enkel soll'n es einmal besser haben.«

BESSER! Wenn die Hölle so ist wie ein Kindergeburtstag, dann Gnade uns Gott! Früher gab es einfach keine Kindergeburtstage – da wurden die Kleinen mit fünf ins Bergwerk geschickt oder mussten sich körperlich ertüchtigen. Heute gibt es den Kindergeburtstag.

Mozart zum Beispiel hatte nie Geburtstag, also er hatte natürlich schon Geburtstag, aber er musste nicht feiern. Mozart hat mit vier Jahren Symphonien komponiert und nicht stille Post gespielt. Unvorstellbar, dass Kant Kindergeburtstage gefeiert hat. Der kategorische Imperativ kennt kein Sackhüpfen.

Grotesk auch die Idee, dass Hitler blinde Kuh gespielt haben soll. Welch Witz, der Führer tappt im Dunkeln und tastet Klassenkameraden ab. Blinde Kuh – Petting für Arme!

Wobei, es ist biografisch verbürgt, dass Hitler zu seinem fünftem Geburtstag einen Malkasten geschenkt bekam. Wasserfarben. Aber Kindergeburtstag hat er nicht gefeiert.

Dabei wär das eine prima neue Faschismustheorie: Klara Pölzl, des Führers liebende Mama, lädt die Freunde des kleinen Adolf zum Kindergeburtstag ein – ins Haus nach Hafeld bei Linz. Der junge Hitler und seine kindlichen Gefährten stopfen sich in trauter Runde mit *Negerküssen* voll und spielen dann *bis zur Vergasung* die *Reise nach Jerusalem*. Würde einiges erklären. Stimmt aber leider nicht.

Obwohl meine Eltern äußerst *pc* waren, für mich haben sie noch so geheißen: Negerküsse und Mohrenköpfe.

Und heute, liebe Freunde, suchen wir ein politisch korrektes Wort für Mohrenkopf. Mohrenkopf? Farbigenhaupt!

Ich finde, Schokokuss geht an der Sache vorbei.

An dieser Stelle muss ich einmal kurz innehalten. Der Eberhard und die Renate haben meinen Geburtstag regelmäßig vergessen. Und dafür bin ich ihnen dankbar. Natürlich, als Kind war das schon hart für mich, aber mit ein paar Tagen Verspätung gab's dann die Geschenke, und die Sache war gegessen. Und Party fand keine statt. NIE. Ich weiß, dass ich mit meinen Eltern hart ins Gericht gehe, aber was das jährliche Jubiläum meiner Geburt angeht, muss ich sie ausdrücklich loben. Was heißt loben? Diesbezüglich stelle ich sie über alle Erzeuger der Welt. Und es ist nicht so, dass ich keine Geburtstagspartys gekannt hätte. Ich war eingeladen, jedes Jahr, bei Harald Meyer und Erwin Moser, ein- oder zweimal sogar bei Katja Berger. Bei Astrid von Ginten wurden immer irgendwelche Spiele gemacht, und der Gewinner durfte sie küssen. Es hat sich keiner so wirklich angestrengt.

Zurück zur Frage: Wo kommt er her, der Kindergeburtstag. Kinder denken sich so was doch nicht aus. Es sind die Eltern – allein warum?

Was treibt Eltern dazu, Kindergeburtstage auszurichten? Warum zwingen Eltern ihre Kinder dazu, ins Mehl zu pusten oder nach Wienerle zu schnappen? Vor laufender Videokamera. Sind sie pädophil? Das wird kein Porno, das wird ein Horrorfilm!

Ich glaube, Eltern wollen sich einmal im Jahr an Kindern rächen, und zwar an möglichst vielen. Eltern denken sich:

»Kinder? Na gut – und jetzt verarschen wir die mal nach Strich und Faden!«

Andererseits: Eltern wollen doch nur das Beste für ihr Kind. Das ist es!

Der Kindergeburtstag ist ein Training, auf dass der Spross der Beste werde. Sich durchsetzen lernt im Leben. Der Kindergeburtstag als spielerischer Ernstfall – ein sportlicher Wettstreit. Übergewichtige Stammhalter treten gegeneinander an!

Der Kindergeburtstag: Eine Horde kleiner Menschen kämpft ums nackte Überleben. Ein Schiedsrichtergespann, bestehend aus Mama und Papa, lädt ein Dutzend Konkurrenten ein, die dann in die Arena geschickt werden. Frei nach dem Motto »Es kann nur einen geben«, und wenn überhaupt, ist das immer das eigene Kind. Die Feier als Drill, als pädagogischer Iron-Man, das ist kein Spaß, das ist der Kindergeburtstags-Dreikampf:

Sind die Kontrahenten vollzählig, beginnt der Wettbewerb harmlos mit einer Kinderlied-Rundumbeschallung, um zu suggerieren, dass sich alle ganz lieb haben. Und das Ganze natürlich in ohrenbetäubender Lautstärke, damit die kleinen

Monster das Gehörte überhaupt als Musik identifizieren können. Das Aufwärmtraining besteht darin, dass man so lange Wiener Würstchen, Cola, Kuchen und Kakao zu sich nehmen muss, bis man nicht mehr weglaufen kann. Dann stoppt die Musik, weil spätestens jetzt eines der zahnbespangten Bälger ausreichend Sahne in die Stereoanlage gestopft hat. Die Rache der Eltern folgt auf dem Fuß, die erste Disziplin, das *Schokoladen-Wettfressen unter erschwerten Bedingungen*.

Es wird gewürfelt, und derjenige, der eine sechs hat, muss sich – auch im Sommer – einen Wintermantel anziehen, Mütze, Schal und Handschuhe, und dann gilt es, mit Messer und Gabel ein Nougatmonster von einer Schokolade zu essen. Als sei es das Normalste von der Welt: Pappsatte Menschen müssen bei 35 Grad im Schatten in Winterklamotten Schokolade essen – mit Besteck! Man muss eben auf die Anforderungen der Gesellschaft vorbereitet werden. Und das Spiel ist erst aus, wenn die acht Kilogramm Schokolade vertilgt sind. Das dauert oft Stunden, weil immer, wenn man sich angekleidet hat und gerade zu essen beginnen will, ein anderer 'ne sechs hat.

»Sex, Sex, ausziehen, ausziehen«, brüllt dann die Horde, und schon geht's wieder von vorne los. Da lernt man fürs Leben – Ballermann-Vorbereitungstraining!

Das Spiel endet in der Regel damit, dass sich mehrere Mitspieler übergeben müssen und der Sohn des Hauses einem Mitspieler mit der Gabel ein Auge aussticht. Die Eltern sagen dann liebevoll:

»Ein Indianer kennt keinen Schmerz.«

Und: »Messer, Gabel, Schere, Licht sind für kleine Kinder nicht.«

Also wird das Licht gelöscht und bei der Wahl der Waffen auf den Löffel zurückgegriffen. *Topfschlagen* – die zweite Disziplin. Junge Menschen, die eben erst aufrecht zu gehen gelernt haben, müssen mit verbundenen Augen auf allen vieren durch Doppelhaushälften kriechen und mit einem Löffel alles kurz und klein schlagen, in der Hoffnung, es könnte ein Topf sein, unter dem sich als Belohnung wiederum ein halber Zentner Schokolade befindet. Und dann robben die Kinder los, schlagen sich ihre Köpfe am Mobiliar blutig, »Kopfschlagen«, sie verenden elend im Treppenhaus, und aus dem Wohnzimmer hallen die Rufe der elterlichen Folterknechte »heiß, kalt, heiß …«

Sollte es noch Überlebende geben, beginnt die dritte und letzte Disziplin, eben jenes Spiel, das man in Deutschland schon immer gern gespielt hat. Und das, nebenbei bemerkt, bei von Gintens zu seiner absoluten Vollendung fand. O ja, die *Reise nach Jerusalem* war Klassiker und Höhepunkt auf Astrids Geburtstagsfeten. Zur Musik ging es im Stechschritt um die Stühle herum, die Musik stoppte, alle setzten sich hin, und einer war der Arsch. Meistens ich. Der Trostpreis: eine Schubkarrenladung Schokolade. Und weiter ging es, immer rundherum, und immer war ein Stuhl zu wenig. Der adelige Papa stand unbarmherzig an seinem Dual-Plattenspieler, der DJ als Diktator, und es wurde so lange gespielt und gestoppt und gespielt und gestoppt, bis nur noch Astrid von Ginten auf dem einzig verbliebenen Gardena-Gartenstuhl thronte.

Aber geküsst hat sie niemand.

V. I. P. in Germany

Knax fürs Leben oder:
Ich war jung und brauchte das Geld

Jeder Mensch hat einmal Jugendsünden begangen, früher, das ist so, und das ist nicht weiter schlimm. Obwohl – eigentlich ist es schon schlimm. Wenn man mal von den Klassikern absieht: Lakritze klauen, ins Schwimmbad pinkeln, Eltern belügen:

»Ich übernachte bei 'nem Kumpel, Renate.«

»Nimm Kondome mit, mein Sohn!«

Das gehört zur Sozialisation. Jedwede andere Jugendsünde aber ist untilgbar und für alle Ewigkeit als traumatisches Stigma ins Stammhirn eingebrannt. *Supertramp* gut finden zum Beispiel ist unentschuldbar oder auch das freiwillige Tragen gelber Pullunder. Und alle, die mit 13 den *Steppenwolf* lasen, werden in der Hölle brennen – ob sie wollen oder nicht. Oder auch die, welche einst die Ersparnisse eines ganzen Jahres in den Kaugummiautomaten stopften, nur um an den Plastikring zu gelangen, werden früher oder später dafür bezahlen. Sie müssen einen hässlichen Menschen heiraten oder sonst was – jede Jugendsünde fordert irgendwann ihren Tribut. Mein frühkindliches Vergehen ist eins der schlimmsten: Ich war *Knax*-Leser.

Es war so: Als ich klein war, gab es ja diese herrlich unpersönlichen Geldautomaten noch nicht. Täglich musste ich mit meinem *Pocket*-Sparbuch in die Sparkassen-Filiale marschieren und war auf Gedeih und Verderb von der Gunst einer misslaunigen, sauertöpfischen Bankfrau abhängig. Fünf Mark durfte man pro Tag abheben, und so musste ich jeden Tag auf die Bank.

Es war ja so: Schon mit neun war ich starker Raucher, eine Schachtel kostete vier Mark, und die verbleibenden 100 Pfennige deckten so gerade meinen täglichen Konsum von Capri-Sonne und Ahoi-Brause (Lakritze habe ich geklaut). Und auch das Schutzgeld in der Schule und die Pferdewetten wollten bezahlt werden, egal, auf jeden Fall war es mir in der Regel finanziell unmöglich, anständige Comics zu erwerben.

Überhaupt: Wenn mich meine Eltern mit *Donald Duck* erwischt hätten, wäre der Teufel los gewesen. Da waren sich die Renate und der Eberhard einig: Comics sind unreflektierte, dümmliche Bildergeschichten, sie stammen aus Amerika und wurden nur zu dem einen Zweck erfunden, mich zu verblöden. Sie sind Waffen des Systems, um aus mir einen sprachverkümmerten Knecht der Bourgeoisie zu formen.

Die einzige Ausnahme war natürlich *Asterix*, weil der gut und pädagogisch wertvoll war (er kam ja auch nicht aus Amerika). Tolle Pädagogik: Die Gallier haben Zaubertrank und alle anderen nicht, wie fair! Feine Superhelden waren mir das. Hätte es Asterix auch nur einmal mit Batman zu tun bekommen, er hätte keine Chance gehabt! Um das Erziehungskonzept zu vervollständigen, erlaubten mir der Eberhard und die Renate, *Asterix* zu lesen – kaufen musste ich ihn mir selbstredend selber.

(Was ich nie getan habe. Wenn ich mal flüssig war, an Weihnachten oder an meinem Geburtstag, habe ich mir *YPS* gekauft und nichts anderes. *YPS* war zwar nicht *Asterix*, aber trotzdem *pc*, wegen der Bastel-Gimmicks. Verstehe einer die Erwachsenen.)

Leider hatte ich nur selten genug Geld, und so deckte ich meinen Bedarf an Lesestoff meist mit dem Comic der Sparkasse, eben mit *Knax*. Diese Heftchen gab es umsonst, und Hermann Hesse habe ich nie angerührt, ich schwöre. Erst war es bloß ein Trick, um an mehr Kohle zu kommen: Ich fragte artig nach dem Comic, und als Dank erlaubte mir die Bankfrau, gelegentlich fünf Mark fünfzig oder auch mal sechs Mark vom Sparbuch abzuheben.

Aber mit der Zeit wurde ich süchtig nach den Heftchen, ich lebte regelrecht in der sauberen Welt von Dodo und Didi, war wie vernarrt in die Abenteuer der Knaxianer. Es stimmte mich froh, wenn der raffgierige Fetz und seine verschwenderischen Kumpanen eins auf den Deckel bekamen von den Guten, Ordentlichen und vor allem Sparsamen. Hier hätten meine Eltern mal eingreifen sollen, sie wären erstaunt gewesen, wie Recht sie mit ihrer Verblendungstheorie gehabt hatten. Aber nein, sie ließen mich, und ich rutschte immer mehr ab auf das tiefste Niveau deutschen Comicschaffens. Mein Knacks fürs Leben: Ich war glücklich, wenn die Bank gewann. Kurz, ich war ein Scheiß-Kind!

Und jede Jugendsünde holt dich ein: Vor ungefähr einem Jahr sperrten mir sämtliche Kreditinstitute meine Karten, und wenn ich was zu essen oder Drogen kaufen wollte, musste ich in eine Sparkassenfiliale hineingehen – da war ich schon Jahre nicht mehr gewesen –, und eine misslaunige Filialleiterin entschied über mein Schicksal. Wie früher!

Es kam, wie es kommen musste. Ich habe mich – ich weiß nicht wieso – in meine sauertöpfische Bankfrau verliebt. Dabei wollte ich nie einen Ring aus dem Kaugummi-Automaten (mit welchem Geld auch), aber ich habe *Knax* gelesen, und Strafe muss sein. Und irgendwann war es dann so weit.

Ich konnte nichts dagegen tun, ich setzte meinen infantil-süßesten Dackelblick auf, sah meiner Bänkerin tief in die Augen und fragte:

»Wollen Sie meine Frau werden?«

Und sie lächelte und gab mir wortlos das aktuelle *Knax*-Heftchen.

Und dann führte er sie erst mal schick zum Essen aus.

Das Krippenspiel

Es liegt mir fern, eine Fundamentalkritik am bayerischen Schulwesen zu üben. Ich habe in den vier Jahren Volksschule prima Lesen gelernt, Schreiben, auch Rechnen. Und Heimat- und Sachkunde. Die *basics* eben, was ein Kind so braucht im Leben: Chiemsee, Tegernsee, Starnberger See, wie breit, wie tief (in Klammern: König Ludwig). Die bayerische Verfassung von 1806, Endmoränenlandschaft, Wittelsbacher. Des Weiteren: »Man kann über alles reden«, Nächstenliebe und »Wer zahlt, sagt an«. Aber natürlich auch: »Trenne nie s-t, denn es tut ihm weh!« Und: »Max hat drei Äpfel, Susi vier Birnen. Wie viel Obst haben sie dann gemeinsam?«

Eigentlich hätte aus mir ein voll funktionstüchtiges Mitglied der Gesellschaft werden können, ein ausreichend gebildeter Staatsbürger mit gesundem Menschenverstand und vernünftigen Ansichten. Dass daraus nichts wurde, liegt daran, dass die 70er Jahre auch vor bayerischen Schulen keinen Halt machten. Ich glaube sogar sagen zu können, dass ich meinen Minimalbestand an Werten komplett über Bord warf, als auch noch in der Schule, meinem Refugium der Strenge und Ordnung, begonnen wurde, mit antiautoritären Erziehungsmethoden herumzuexperimentieren. Das Lernziel in der zweiten Klasse lautete unverfänglich: Das spielerische Erlernen der christlichen Grundwerte. So stand es im Lehrplan schwarz auf weiß. Vorgeschrieben war wörtlich:

»Das Einüben von Selbstständigkeit, Toleranz und Nächstenliebe anhand eines Theaterstückes.«

Ein Theaterstück! In der zweiten Schulklasse! Ich spreche nicht von so einem Waldorf-Montessori-Sammelbecken für Schwererziehbare, ich spreche von der staatlichen Wittelsbacher Grundschule im Osten Münchens. Und das war an allen Schulen Bayerns so.

Auf dem Lehrplan stand das Krippenspiel. Unter der fachkundigen Leitung der Klassenlehrerin. Zum Regieassistent wurde der Religionslehrer erkoren, der Reli-Lehrer, wie wir ihn nannten. Dabei war es völlig egal, ob du Protestant warst, katholisch, Moslem, Heide oder Hindu. Beim Krippenspiel mussten alle mitmachen, es sollten ja schließlich auch alle Eltern zuschauen.

An sich ist die dramatische Struktur des Stückes leicht zu überschauen: Der Zimmermann Josef und seine hochschwangere Frau Maria begeben sich auf Herbergssuche nach Bethlehem. Von drei Gasthäusern abgewiesen, landen sie im Stall bei Ochs und Esel. Auftritt der Hirten, der Engel und: »Siehe, ich verkündige euch große Freude.« Die Geburt in der Krippe, der Komet, die Heiligen Drei Könige, Weihrauch, Gold und Dingsbums. Halleluja, Vorhang. Es handelt sich um ein immer gleiches, kleines Stück Christen-Theater, das einem jeden, der je mittat, den Wunsch, Schauspieler zu werden, bis in alle Ewigkeit vergällte.

Auch bei uns war das nicht anders, mit dem feinen Unterschied, dass die ganze Chose unter hoher Selbstbeteiligung der Kinder relativ frei assoziativ und mit den Mitteln des realistischen Theaters dargestellt werden sollte. Unser damaliges

Krippenspiel: die Geburt des Heilands als antiautoritäres, aber doch realistisches Bühnenstück!

Ich werde erzählen, wie es war, ich werde nichts auslassen, nichts verschweigen, nichts beschönigen. So wahr mir Gott helfe. Wobei ich noch heute inständig dafür bete, dass Gott der Allmächtige unser damaliges Krippenspiel nicht gesehen haben möge. Wenn er es gesehen hat, dann ist das Erstarken des Islam hiermit erklärt. Denn angesichts des Krippenspiels der Klasse 2a der Wittelsbacher hätte Gott sein Terrain kampflos aufgegeben. Er hätte seinen Kollegen angerufen und gesagt:

»Komm, Allah! Bitte mach du weiter, mit meinen Kindern – das wird nichts mehr!«

Unser Krippenspiel ... Allein die Proben erstreckten sich über fünf Monate, vom Hochsommer bis kurz vor Weihnachten. Draußen herrschten 30 Grad im Schatten, und wir saßen in Winterklamotten in der Aula. (Endlich war ich nicht mehr der Einzige, der für die Jahreszeit zu warm gekleidet war.) Da nun aber das Publikum aus all unseren Eltern bestand, und mit all unseren Eltern meine ich inklusive Renate und Eberhard, mussten auch alle Kinder etwas zu sagen haben. Finde mal für vierzig Kinder adäquate Rollen in einem Krippenspiel! Maria, Josef – und dann wird's schon eng. Und wer spielt wen? Da ging der Ärger schon los, der vorprogrammierte Streit um die Hauptrollen. Was die Maria anging, wurde allerdings nicht diskutiert. Maria wurde selbstredend gegeben von Katja Berger. Katja war der Klassenschwarm, gut in der Schule und im Ballett. Prädestiniert für die Maria, da gab's gar nichts. Beim Josef wurde es schon ärger, weil natürlich alle Buben an Katjas Seite im Rampenlicht stehen wollten. Die tragende männliche Sprechrolle bekam schlussendlich Harald Meyer, obwohl er gelispelt hat. Die Besetzungsfrage regelte sich wie von selbst durch den wenig antiautoritären, dafür aber umso wirksameren Brauch des »Wer sich zuerst meldet, kommt auch zuerst dran«. Und im Schnellmelden machte Harald niemand etwas vor. In der ihm eigenen Art, dem fingerschnipsenden Nasalstöhnen, brüllte er:

»Ääh, ääh, kann ich den Joschef schpielen, ääh, kann ich den Joschef schpielen?«

»Klar, Harald, kannst du«, besänftigte ihn die Lehrerin.

Das war also auch geklärt. Maria und Josef, Katja und Harald, zwei von vierzig, blieben ja bloß noch 38 Kinder übrig. Da war die Fantasie der Grundschullehrerin gefragt. Nach langen Diskussionen und knüppelharter Erfindungsarbeit seitens des Lehrkörpers hatten wir dann nach einiger Zeit reichlich Engel, noch mehr Hirten, drei ausgesprochen gut gehende Gasthäuser mit mehr Personal als Kundschaft und die Heiligen Fünf Könige.

Trotzdem fehlten noch Rollen. Da kam unsere Klassenlehrerin auf die geniale Idee, Maria und Josef könnten ja mit dem Zug nach Bethlehem reisen. Das ist nicht erfunden. Noch einmal ein paar Rollen mehr: Lokführer, Bahnhofsvorsteher, Schaffner, DSG-Team. Unsere Lehrerin hat sich für das realistische Krippenspiel nicht entblödet, Maria und Josef, im Jahre Null christlicher Zeitrechnung, durch halb Palästina und das Westjordanland zu schicken – mit der Bahn! Klar, dass die keine Kohle mehr für die Herberge hatten, wenn alles für das Wochenendticket draufgeht. Die Inszenierung indessen war erfrischend lebensnah:

»Wir begrüßen die zugestiegenden Fahrgäste im Intercity *Komet* von München nach Bethlehem. In der Mitte des Zuges, zwischen der ersten und zweiten Wagenklasse, befindet sich unser Bordrestaurant, in dem Sie die Mitarbeiter der DSG gern zu einem Abendmahl willkommen heißen. Nächster planmäßiger Halt ist Bethlehem.«

Ratzfatz erreichten wir unser Fahrziel, in einer Zeit, die der Deutschen Bahn noch jetzt zur Ehre gereichen dürfte. Ich selber fuhr nicht mit, sondern wartete vor Ort. Es soll nicht verschwiegen werden, dass auch ich meine Schauspielkunst zum Besten gab. Erst wollte ich nicht, aber dann besann ich mich, nicht zuletzt deswegen, weil ich wusste, dass sich die Dramaturgie des Stückes unweigerlich auf eine Geburtsszene hin zuspitzte. Ich war ja etwas weiter als die anderen. Der Eberhard und die Renate hatten mich aufgeklärt, und zwar gründlich. Mir war mit drei schon klar, dass Maria ihren Schreiner nach Strich und Faden verarscht hat. Ein Baby mit ohne Vögeln vorher, das gibt's nicht! Und immerhin spielte keine Geringere die Maria als Katja Berger. Also bewarb ich mich ganz dezent um die Rolle des Heiligen Geistes. Eine stumme, jedoch intensive Nebenrolle. Von der Konstellation der Figuren her passte das, fand ich, denn Harald als Josef blickte ohnehin nur die Hälfte. Ich meldete mich artig und fragte:

»Entschuldigen Sie, Frau Lehrerin, könnte ich vielleicht so ein bisschen den Heiligen Geist machen?«

Doch nichts da: Heiligen Geist gab es nicht, Maria war trotzdem schwanger, und ich musste zur Strafe den Esel spielen. Deswegen befand ich mich ja auch schon in Bethlehem und nicht im Zug. Das war ein weiterer Kniff unserer Regisseurin: Alle durften per Bahn anreisen, selbst die Hirten, die Engel und die Könige, nur Ochs und Esel nicht, weil das war auch *in echt* verboten. Keine Nutztiere in deutschen Zügen, und so standen wir demütig wartend und dumm im Stall rum. Ich und der Ochs, welcher ausgerechnet von Astrid von Ginten gegeben wurde. Diese alberne, adelige Kuh machte den Ochsen. Fünf lange Probenmonate lag ich gekettet an Astrid und musste Stroh fressen. Die Nachbarstochter spielte diese Rolle übrigens freiwillig, weniger um mich zu ärgern, als vielmehr der Textmenge wegen, denn der Ochs hatte tatsächlich öfter etwas zu sagen als die Maria, durfte dafür aber nicht Bahn fahren.

Der Esel hingegen hatte keinen Text, also fast keinen. Ich möchte mich nicht beklagen, aber ich stellte einen *Esel* dar, und der war von der Figur her nicht als shakespearsches Fabeltier angelegt, sondern als konkreter Depp vom Dienst: Null Text und eine Verkleidung, die mit »Folter« nur euphemistisch beschrieben wäre. (Also *dagegen* war Gandhi ein Zuckerschlecken gewesen.)

Es war ja so: Alle durften, ja *mussten* sich ihre Kostüme und Requisiten eigenhändig besorgen. Gerade darin lag doch der pädagogische Auftrag, das Erlenen von Selbstständigkeit. Allein Astrid und ich wurden hochoffiziell ausgestattet. Niemand weiß, weshalb. Warum war ausgerechnet ich der Esel? So ein Hirte, von mir aus ein stummer, das wäre doch was gewesen. Hätte ich mich wenigstens selbst einkleiden und ausrüsten können. Oh, wir hatten prima Hirten in unserem Krippenspiel. Bis an die Zähne bewaffnet, mit den modernsten Handfeuerwaffen, die der Spielzeugmarkt hergab, als wären die Weiden um Bethlehem Minenfelder im Gaza-Streifen.

Nun soll nicht der Eindruck entstehen, die Klasse 2a wäre in ihrem Erfindungsreichtum blockiert oder allzu eindimensional veranlagt gewesen. Keineswegs, denn die Hirten sollten dem Heiland ja auch Geschenke mitbringen, und seine Waffen hat ihm keiner gegeben. Da musste man sich schon etwas Besseres einfallen lassen. Jesus bekam haufenweise Spekulatius, Äpfel und Mandarinen, aber keine Pistolen und Granaten. Die Lehrer ließen den Schülern freie Hand, nur wenn die Kreativität gänzlich versagte, halfen sie nach. Einem besonders tumben Hirten, der übrigens wie ich des Bayerischen nur rudimentär mächtig war, legte man nahe, den Messias doch mit einem »Lamperl« zu beglücken. Was er auch tat und zur

Generalprobe mit einer funkelnagelneuen Halogen-Taschen-lampe auflief. Was soll's, es war die Zeit des experimentellen Theaters, und »Lamm« oder »Leuchte«, was machte das für einen Unterschied? Gottes Sohn waren alle Präsente recht, auch wenn der Hirte auf der Bühne immer etwas unpräzise von seinem »Halousch'n-Lamperl« sprach.

Doch zurück zu mir und meinem Eselsgewand. Die Aus-stattung des Esels war nämlich Chefsache. Keine Kinderhand sollte das Kostümwerk der Handarbeitslehrerin verschandeln. (Lehrer für Handarbeit und Werken! Früher wurden aus unfähigen Kunststudenten Diktatoren, heute werden sie Handarbeitslehrer.) All ihr Können und ihre Mühe legte die Handarbeitslehrerin in meine Verkleidung. Sie verpasste mir einen Eselskopf von unglaublichen Ausmaßen: einen Meter zwanzig hoch und einen guten Meter breit, aus Pappmaché. Klar, dass man mit so einem Schädel nicht in den Zug rein-kam! Wenn der Begriff *entartete Kunst* jemals Sinn gemacht haben sollte, dann nur in Bezug auf meine pseudokubistische Krippenspiels-Eselschnauze. Ich habe nie wieder in meinem Leben so geschwitzt, und erkannt hat mich keine Sau. Nur, um das deutlich zu machen: Ich wurde noch nicht einmal als *Esel* identifiziert. Der Reli-Lehrer hatte irgendwann Mitleid mit mir, aber anstatt mich von diesem Pappmaché-Tumor zu befreien, bekam ich ein Schild um den Hals, auf dem »Esel« geschrieben stand. So einfach konnte Theater sein; die Rena-te und der Eberhard haben sich schon während der Anprobe bepisst vor Lachen.

Und dieses Drecksteil von Esels-Maske hielt auch nicht an meinem Kopf. Was nicht ungefährlich war, es hätte die ande-ren Mitspieler erschlagen können. Also wurde mir die Esels-schnauze angeklebt, mit einem halben Eimer Pattex, direkt auf die Haut, gesichtsmittig. Die Handarbeitslehrerin fungier-te als Dealer. Welch eine Maßnahme: *Keine Macht den Drogen*

– aber Kleber in die Schnauze! Nach fünf Minuten war ich breiter als ein Brett, und an eine künstlerisch wertvolle Eselsinterpretation war nicht mehr zu denken. Als die anderen Darsteller am Bahnhof Bethlehem ankamen, befand ich mich in meinem Stall bereits jenseits von gut und böse. »Das Einüben von Toleranz anhand eines Theaterstücks.« Ich hatte das Lernziel längst erreicht. Benebelt torkelte ich über die Bühne und sang:

»Alles ist easy, jippieh, so easy!«

Meine Eltern jubelten, der Bub war zum ersten Mal richtig *stoned*, doch da ging das Krippenspiel im eigentlichen Sinne erst los. Ich lungerte bis über den Anschlag hinaus strack im Stall, und die heilige Kleinfamilie saß währenddessen fröhlich im Zug. Man begab sich nach Bethlehem zur Volkszählung. Schon der lapidare Grund der Reise stellte das Regie-Team vor eine diffizile inszenatorische Aufgabe, denn das Thema Volkszählung durfte damals in Bayern nur mit Samthandschuhen angefasst werden. Doch Theater muss politisch sein, auch wenn die Darsteller erst acht sind. Demnach lautete der erste Dialog zwischen Maria und Josef wie folgt:

»Komm Maria. Volkschzählung in Bethlehem. Da müschen wir hin.«

»Aber Josef, ich bin doch schwanger.«

»Dann zählen schie eben drei Leute. Volkschzählung ischt Volkschzählung!«

»Josef, denk doch an die Wehen. Lass uns lieber eine Herberge suchen.«

»Alscho gut.«

Schon dieses lapidare Gespräch zeigte die Genialität des Textes und seine politisch subtile Brisanz. Dem geübten Theaterbesucher war sofort klar, dass die umstrittene Volkszählung mit keinem weiteren Wort erwähnt werden würde. Der Boykottaufruf war versteckt, aber er war da; keine Zählung also, aber auch keine Herberge. Es folgten die Szene im Stall, Auftritt Ochs und Esel, Astrid von Gintens großer Monolog. Leider ist es wahr: Der, bis auf den heutigen Tag aus gutem Grund anonym gebliebene, Schultheater-Autor hat sich nicht erdummdreistet, Folgendes ins Textbuch zu ergießen:

»Ein Ochs ich bin, ein Tier im Stall / wo heute sogar Kön'-ge sind / und doch geb' ich der Liebe all / soll wärmen hier das Jesuskind.«

Und ich sagte:

»Ih ah.«

Ich hätte heulen können ob meines Textes. *Ih ah* – was ja im Bayerischen so viel bedeutete wie *Ich auch*. Was für einen Hammer-Dialog ließ man Astrid und mich doch sprechen.

»Ich wärme das Jesuskind.«

»Ih ah.«

»Ich schütze das Jesuskind.«

»Ih ah.«

»Ich benedeie das Jesuskind.«

»Ih ah.«

So ein Bockmist! Was sollte das denn bedeuten? Ich benedeie das Jesuskind? Zu dem Zeitpunkt im Stück war der Jesus noch nicht einmal geboren. Je mehr ich mich mit dem Spiel und meiner Rolle identifizierte, desto unzufriedener wurde ich. Überhaupt, was hatte denn mein Text noch mit Kunst zu tun? 58 Mal »Ih ah«-Sagen. Vorsichtig muckte ich auf:

»Frau Regisseurin, wäre es möglich, meinen Part intellektuell etwas aufzupeppen?«

Doch die Lehrerin ließ mich abblitzen:

»Sieh lieber zu, dass du deinen Text bis zur Premiere auswendig kannst.«

Wutentbrannt entgegnete ich:

»Was soll man denn da können? Wenn ich schon einen

Esel gebe, dann richtig. Ohne Schminke und wenn und aber. Die Maske, verflucht, sie soll fallen. Lasst mich den Esel spielen.«

Krachend donnerte mein Pappschädel zu Boden. Die Lehrerin rief mich zur Ordnung:

»Jens, du setzt augenblicklich deinen Eselskopf wieder auf!«

»Erstens heiße ich Jess und zweitens: niemals«, und ich intonierte den Esel, auf dass Lee Strasberg seine wahre Freude gehabt hätte: »Iiiih Aaaah! Iiiih Aaaah!«

»Willst du wohl aufhören?«

»Nein, ich höre nicht auf! IIIIH AAAAH! IIIIH AAAAH! Aber bitte, wegen mir muss es kein Esel sein, ich kann auch einen Hund oder eine Giraffe oder ein Lama.«

Ich rotzte in Richtung des Reli-Lehrers, welcher daraufhin meinte:

»Das ist doch nicht realistisch. Im Krippenspiel gibt es gar kein Lama.«

»Ach nicht? Dann sagt mir doch, was für ein Tier ich machen soll. Ich kann sie alle, ich bin Schauspieler! Vielleicht einen Frosch? Ich liebe Frösche und Kröten. Von jetzt an bin ich die Gelbbauchunke von Bethlehem.«

Weil ich eindeutig Gefahr lief, dem Wahnsinn anheim zu fallen, mischte sich Harald ein, um zu schlichten.

»Hör auf die Lehrer. Jesch, du warscht der beschte Eschel, den wir je hatten. Jetzt schei doch nicht scho.«

Ich aber war so, und erst Katja Berger brachte mich wieder zur Raison. Sie trat ganz nah an mich heran, senkte ihren Blick und flüsterte:

»Mach wieder mit, Jess. Das Jesuskind soll doch jetzt geboren werden. Sei kein Frosch!«

Dann küsste sie mich sachte auf die Stirn, und mein Widerstand war gebrochen. Umgehend gab ich wieder den

Esel. Sie hatte ja Recht, Maria sollte gebären. Katja Berger war so weit. Lieber Leser, wir befanden uns in der zweiten Klasse. Für die meisten von uns wurden Kinder vom Klapperstorch gebracht, und was sollten wir spielen? Eine realistische Geburtsszene! Und doch möchte ich meinen, gelang uns damit ein Glanzpunkt unseres Krippenspiels. Ein jeder agierte hochkonzentriert, alle kannten ihren Text und ihre Einsätze. Sogar Harald Meyer vergaß für einen winzigen Moment seinen Sprachfehler, als er seine Gattin zärtlich anfeuerte:

»Preschen, Maria, du musst pressen.«

Und Katja presste, wie nie eine niederkommende Frau vor ihr jemals gepresst hatte.

»Ah, ah, es tut so weh, ah.«

»Du schaffscht dasch, Maria. Preschen!«

»Aaah!«

Nun beugte sich der Ochs über die werdende Mutter.

»Ich sehe das Jesuskind.«

»Ih ah.«

»Preschen, Maria, preschen!«

Man kann sagen, dass unser Stück zu diesem Zeitpunkt etwas aus den Fugen geriet, und doch war es mit Sicherheit die realistischste Geburt, die je von Achtjährigen auf die Bühne gebracht wurde. Leidenschaftlich brüllte Katja-Maria:

»Ah! Ah! Ah!«

»Ih ah! Ih ah!«, röhrte ich solidarisch.

»Oh mein Gott, es kommt«, wimmerte Katja.

»PRESCHEN!«, befahl ihr Ehemann.

»AAAAHH!«, brüllte die heilige Jungfrau und entband.

Es ward vollbracht. Die Wolldecke unter Marias Hemd verschwand, und zum Vorschein kam – der Messias. In der Aula der Wittelsbacher Grundschule. Es war ergreifend. Der Chor der Engel sang »Euch ist ein Heiland heut' gebor'n«, und Katja Berger hatte Tränen in den Augen.

Nicht ganz unbegründet, denn die Puppe, die das Jesus-Baby darstellte, gehörte vormals ihr. Das war so eine Art Riesen-Barbie, der die Handarbeitslehrerin unter dem Schreien und Wehklagen der Mädchen die Haare abgeschnitten hatte. Selbstbestimmung war das eine, Toleranz das andere, aber ein Jesuskind mit langen, blonden Dauerwellen konnte nicht einmal der liberalste Lehrer in Bayern durchgehen lassen. Also Glatze. Und der Umgang mit dem kleinen Geschöpf musste ganz vorsichtig sein. Die Jesus-Barbie durfte nur behutsam bewegt werden, denn sie konnte sprechen.

Vielleicht erinnert sich der ein oder andere noch an dieses realitätsnahe Spielzeug. Man drückte der Puppe auf den Bauch, und die sagte dann: »Kauf mir was!« Das wäre freilich eher uncool gekommen, hätte Maria freudetrunken ihren just geborenen Jesus in Händen gehalten, und die Skinhead-Barbie hätte dann »Kauf mir was!« gesagt. Da war höchste schauspielerische Konzentration von Nöten, und Katja Berger hatte das auch im Griff. Zumindest bei den Proben. Bei der Aufführung jedoch erwachte in Josef der Vaterinstinkt.

»Maria, lässt du mich auch mal den Jeschusch halten?«

»Nein! Pass doch auf, Harald.«

»Jetzt schei doch nicht scho«, quengelte er und langte nach dem Baby.

»Kauf mir was!«

»Siehste«, sagte Katja und nahm ihm die Puppe wieder weg.

»Kauf mir was!«

»Wasch scholl denn das?«, wollte Harald wissen und griff erneut nach seinem Kind.

»Kauf mir was!«

Die Katastrophe nahm ihren Lauf.

»Vom Himmel hoch da komm ich her«, der Chor konnte auch nichts mehr retten, »ich bring euch frohe gute Mär!«

»Kauf mir was!«

Von rechts stürmten grimmige Hirten die Bühne, und von links kamen weihrauchbeseelt die Könige.

»Aus dem fernen Morgenland / sind wir den Weg hierher gerannt!«

»Jetzt pascht halt ein bischchen auf!«

»Kauf mir was!«

Vierzig Schulkinder waren im Begriff, den Heiland zu zerquetschen. Heldenhaft rief Astrid von Ginten:

»Ich schütze das Jesuskind!«

»Ih ah.«

»Kauf mir was!«

Die Aula der Grundschule wankte. Alle stürzten sich auf den Messias, und es schien, als sollte Jesus Christus nicht einmal seinen eigenen Geburtstag überleben. Den Ochs im Schlepptau, warf ich mich dazwischen und zitierte mutig, wenn auch falsch, Erich Honecker:

»Den Sozialismus in seinem Lauf halten Ochs und Esel auf! Iiihhh Aaaahh!«

Doch es war zwecklos. Die Bretter, die die Welt bedeuten, bebten. Die Bühne barst. Alles ächzte, krachte, stöhnte.

»Kauf mir was!«

Die Lehrerin heulte, Josef schrie, Maria umklammerte ihr Kind, Astrid trat mir in die Eier, ich heulte, der Reli-Lehrer verließ unter Protest den Raum, jetzt schrien die Hirten, die Könige heulten, es kreischte die Handarbeitslehrerin, und noch jemand brüllte so markerschütternd wie nie zuvor einen Schrei:

»SIIIIIEEEEEHHHHHHEEEE!«

Von allen vergessen, seit einer Stunde auf seinen Einsatz wartend, in Schwindel erregender Höhe direkt unter der Auladecke, hing, an einem Drahtseil befestigt, Erwin Moser. Der dicke Erwin, er war der Verkündigungsengel. Bis zur Premiere war ich der unumstößlichen Meinung gewesen, dass Erwin Moser als Engel die größte Fehlbesetzung der gesamten deutschen Theatergeschichte sei. Nie war eine Putte barocker! Eine rotbackige Tunte am Drahtseil, die regelmäßig Dutzende von Dübeln und Spax-Schrauben aus der Aula-Decke riss. Und die sich bei jeder Probe mit atemberaubender Geschwindigkeit dem Boden näherte. »Und siehe, ich verkündige euch ...«, große Freude bei den Mitschülern, wenn der dicke Erwin dumpf auf dem Parkett einschlug.

Diesmal aber war anders. Ein zweites Mal brüllte Erwin: »SIIIIIIEEEEEEHHHHHHHEEEE!«

Und dann kam er. Erwin, der Engel, zehn Meter über dem Bühnenboden, er schwebte ein, ganz sachte, fast zärtlich, von Engelsschwingen getragen, in gleißendes Licht getaucht, er kam direkt vom Himmel auf die Erde, um Freude zu verkündigen. Wie in Zeitlupe! Zehn Meter, neun, acht. Wie im Film! Sieben Meter, sechs, fünf, vier. Es war Harald, der am schnellsten reagierte und seine Gattin mit einem gezielten Hechtsprung aus der Landezone boxte. Katja Berger hat ihm dies nie verziehen.

Doch Erwin flog, drei Meter, er flog, wie nur Engel es können, zwei Meter, einer – und er landete bäuchlings, aber doch voll Anmut, mitten in der Krippe, die ob solchen Gewichts gleichsam zart in sich zusammenbrach. Es war überirdisch. Die Klasse 2a der Wittelsbacher verstummte, ebenso die noch verbliebenen Lehrer. Alle blickten sie auf Erwin Moser. Und Erwin lächelte und sagte:

»Gott sei Dank!«

Und was tat das Publikum? Es klatschte. Die versammelten Eltern, Eberhard und Renate unter ihnen, sie johlten und applaudierten. »Welch ein Schauspiel!« und »Bravo!« riefen sie und: »Seht her, das sind unsere Kinder, aus denen wird noch mal was!«

Wir aber verharrten stumm auf der Bühne und blickten immer noch auf Erwin und das Wunder, das sich zutrug. Und unsichtbar, unter ihm, ertönte ein leises Stimmchen ...

Und das nehmt zum Zeichen: Ihr werdet ein Kind finden in Windeln gewickelt und in einer Krippe liegen.

Sei kein Frosch!

Von Fröschen in Hälsen und anderswo
(Meine kleine Farm II)

>»Der Klapperstorch bringt keine
>Kinder – er holt sie sich!«
>(Froschweisheit)

Arbeitslosigkeit ist eine schlimme Sache, aber manchmal denke ich, verglichen mit einem Frosch geht es mir ganz schön gut.

Frösche haben kaum eine Perspektive, sie sitzen ihr Leben lang auf Erdal-Dosen rum oder in schlechten Comics noch schlechterer Schuhhersteller. Manch einer schafft es mal ins Märchen, aber was ist *ein* Prinz gegen die vielen Frösche, die sich als Pornodarsteller bei Tomi Ungerer verdingen müssen oder in der *Hautecuisine* ihr Leben lassen. Der Frosch ist eine geknechtete Gattung, sogar – und das habe ich lange gar nicht gewusst – als biologischer B-Test wurde er missbraucht. Man muss nur mal in ein beliebiges Lexikon gucken, dort findet sich ein Eintrag mit dem Titel »Froschtest«, und da heißt es:

»Der Froschtest ist eine Schwangerschaftsuntersuchung mithilfe einer hormonalen Reaktion bei Fröschen, wobei dem Frosch Urin der fraglich Schwangeren eingespritzt wird; im Falle einer Schwangerschaft können dann im Urin des Tieres nach wenigen Stunden Samenzellen festgestellt werden.«

Wie praktisch! Wenn eine Frau Bescheid wissen will, muss sie also nur in eine Spritze pinkeln, ins Moor wandern, diese Spritze einem Frosch injizieren und braucht dann nur zu warten, bis der mal aufs Klo muss – und dann untersucht man das Ganze. Also, der Frosch, der denkt sich doch:

»Ihr Menschen seid doch nicht ganz sauber!«

Und die Biologie sagt, Frösche seien *kaltblütig* – Unsinn, der Mensch ist es, und ich will mich da gar nicht ausnehmen. Als Fünfjähriger habe ich nämlich einmal einen Frosch überfahren – mit dem Fahrrad. Eher aus Versehen zwar, aber ich weiß noch genau, dass ich schon etwas stolz war, weil ich damals noch gar nicht so gut Rad fahren konnte (und außerdem sind Frösche extrem schwer zu treffen). Tatsache bleibt: Das Tier war tot und zweifelsohne selbst erlegt.

Ich muss dazu sagen, dass ich zu dieser Zeit ein großer, wenn auch äußerst erfolgloser Jäger war. Wie gerne hätte ich meinen Eltern eine speziell für sie totgefahrene Taube präsentiert oder zumindest einen Spatz, allein, ich habe die Viecher nie erwischt, auch mit meiner von Hand geschnitzten Zwille nicht. Fensterscheiben dagegen habe ich oft getroffen, aber die galten in der Elterngunst nicht wirklich als Beute, wahrscheinlich, weil sie nicht weglaufen konnten.

Was übrigens die Zwille und meinen dilettantischen Umgang damit anging, jedes Mal, wenn ich sie zückte, vergaß der Eberhard seine pazifistische Grundeinstellung:

»Zielwasser hat mit politischer Gesinnung zu tun! I sag' nur Gorleben, AKW und so weida.«

Und er nannte die Zwille auch nicht *Zwille*, sondern »Hand-Stalinorgel« oder »Kalaschnikow des kleinen Mannes«.

»Wir haben damit auf hohe Tiere g'schossen, auf Bullen und so, und troff'n ham wir's a!«

Auf jeden Fall habe ich meine Erzeuger dann mit dem toten Frosch beglückt, aber anstatt des berechtigten Lobes schimpfte der Eberhard:

»Erst werd'n Tiere gequält und dann Bücher verbrannt!«

Die Renate weinte und sagte:

»Wer Frösche plattmacht, is' selber einer.«

Ich habe diese Reaktion damals nicht verstanden, heute denke ich, vielleicht stimmten die Wiedergeburtstheorien meiner Eltern ja doch, oder sie kannten das Tier persönlich vom Froschtest her. (Was, wenn meine Mutter auf den B-Test verzichtete und just auf diese Art von mir erfuhr? Ein winziger Teil von mir waberte in Froschurin!)

Ich habe lange nicht über diese Geschichte gesprochen, nur einmal, Jahre später, vertraute ich mich meiner damaligen Freundin Sabine an. In einer sehr innigen Stunde, nach dem Sex, fasste ich Mut:

»Sabine«, sagte ich, »lach jetzt nicht, ich muss dir was erzählen. Ich habe mal einen Frosch getötet.«

Weiter kam ich nicht. Sabine lachte.

»Ich auch! Ich hab' ihn mit nach Hause genommen und heimlich geküsst. Regelrecht abgeknutscht habe ich ihn, war total eklig. Aber nichts ist passiert. Scheiß-Frosch! Dann hab' ich ihn gegen die Wand geknallt, und tot war er – und kein Prinz. Aber kurz danach habe ich dich getroffen.«

Seit dieser Geschichte bin ich sehr sensibel, was Frösche angeht. Oft setze ich mich an einen Weiher und höre ihnen einfach zu. Erst neulich habe ich einen witzigen Dialog zwischen einer Kröte und einem Frosch belauscht:

»Was bist du denn?«, fragte er und sie antwortete:

»Ich bin eine Geburtshelferkröte.«

»Wenn dich eine Prinzessin an die Wand klatscht, steht sie da mit einer Hebamme!«

»Sehr witzig«, erwiderte die Kröte, »aber ich kenne auch einen. Sagt eine Kaulquappe zu anderen: Morgen gibt's Frosch-Enkel!«

Der Frosch lachte nur. Und dann sang er noch ein sehr
trauriges Lied:

»Mein Opa ist ein Pflegefall,
du weißt schon, wie ich meine.
Er kam von Frankreich aus dem Krieg zurück,
aber mit ohne Beine.
Ich bringe ihn zum Lachen
und abends in sein Bett.
Er tät sich auf die Schenkel klopfen,
wenn er noch welche hätt'.«

Ein Traum von Äpfeln

»Think different!«
(Apple)

Ohne die Bärenmarken-Oma, glaube ich, hätte ich meine Kindheit nicht überlebt.

Ich meine damit nicht nur die traumatische Geschichte mit der Dosenmilch. Irgendwie fühlte sich meine Großmutter väterlicherseits für mich verantwortlich. Sie hielt zu mir, wenn meine Eltern auf irgendeinem Trip waren, sie kümmerte und sorgte sich um mich. Jedes Mal, wenn uns die Oma besuchte, normalerweise war das einmal die Woche, ging es mir gut. Das begann schon mit ihrem Eintreten. Grußlos und resolut kam sie rein, durchquerte ohne ein Wort zu sagen den Flur der Kommune, betrat das Wohnzimmer und schaltete den Plattenspieler aus. Die *Pink Floyd*-Rundumbeschallung war zu Ende.

Als Nächstes nahm sie mich beiseite, gab mir einen Kuss und etliche Äpfel. Ich denke, sie hatte schlicht und einfach Angst, dass ich verhungern könnte. Denn kaum hatte sie auch meine Eltern – ohne Kuss – begrüßt, griff sie erneut in ihre Tasche, um mir ein paar weitere Äpfel zu reichen.

»Wegen der Fitamine«, sagte sie, und ich wunderte mich, dass sie so ähnlich sprach wie die Renate, wo sie doch die

Großmutter väterlicherseits war. An Vitaminen mangelte es mir auf jeden Fall nie, und immer wenn sie uns verließ, steckte sie mir nochmals einige Äpfel zu.

»Damit du ned krank wirst«, lächelte sie und ging.

In der Tat war ich als Kind meistens kerngesund. Die Oma dagegen nicht. Eigentlich war sie dauernd krank, wahrscheinlich weil sie selber nicht genug Äpfel aß. Ich glaube sogar, dass meine Oma ihr gesamtes Leben lang keine Äpfel gegessen hat. Sie hortete sie, um sie mir mitzubringen. Manchmal denke ich, dass ich nicht ganz unschuldig bin am Tod meiner Großmutter. Obwohl ich mir natürlich nicht wirklich sicher sein kann, ob da tatsächlich ein Kausalzusammenhang zwischen Apfelkonsum und Koronarthrombose bestand. Daran litt meine Großmutter nämlich. An Koronarthrombose. Tragisch ist, dass sie gar nicht wusste, was das war. Wolfgang Hildesheimer hatte sie nie gelesen, und doch hielt sie die Koronarthrombose für ein spätbarockes Blasinstrument – bis sie's hatte.

Vielleicht mochte die Dosenmilch-Oma aber auch einfach kein Obst, und deswegen habe ich die Äpfel und sie die Koronarthrombose gekriegt. Das würde zumindest meine Schuld etwas relativieren. Die Großmutter war ja auch schon ziemlich alt, als sie krank wurde. Sie führte ein Leben zwischen Medikamenten und dem Kukident-Becher und konnte streng genommen nicht mehr so kraftvoll zubeißen. Das sieht ziemlich unsexy aus, wenn man kraftvoll in einen Apfel beißt, und dann hängt das Gebiss in der Frucht. Da verzichtet man schon mal auf die Vitamine und nimmt den Tod durch Koronarthrombose billigend in Kauf. Aber Äpfel wollte sie ja keine, meine Großmutter. Dabei hätte es einer pro Tag wahrscheinlich getan, *an apple a day keeps the doctor away.*

Als sie dann sehr krank war und nicht mehr aufstehen konnte, besuchte ich sie. Ich saß an ihrem Bett und versuchte sie zu überreden, vielleicht doch mal einen Apfel zu essen. Ich bot ihr sogar an, ihn klein zu schneiden, aber sie wollte nicht.

»Iss *du*, damit was werd' aus dir«, sagte sie.

So ist das gewesen mit meiner Großmutter väterlicherseits – und ein unscheinbarer Apfel entschied dann über Leben und Tod.

Es waren übrigens immer Granny Smith, die mir die Oma mitbrachte, das musste so sein, das gehörte zum Konzept. Bio-Äpfel, mit braunen Flecken und Dellen, wären ihr nie in die Tüte gekommen. Sauber, hygienisch und giftgrün mussten sie sein, Granny Smith eben.

Meine Oma wusste schon, was sie tat. Die Renate tobte regelmäßig und zwang mich, die Äpfel mehrmals zu waschen und die lackartige Politur abzuschrubben, dabei hatte ich so eine Freude daran, mich in ihnen zu spiegeln. Sterben könnte man an dem Zeug, das die da draufspritzen, sagte die Renate, aber das stimmte gar nicht. Sterben musste man nur, wenn man gar keine Granny Smith aß, Großmutter Schmidt auf Deutsch, was fast schon gemein ist. Die Natur kann manchmal zynisch sein. Vielleicht wussten die Argentinier, als sie den Granny Smith erfunden haben, nichts vom Großmutter-Apfel-Problem oder konnten zu wenig Englisch, aber ich finde, es hätte auch weniger verletzende Namen gegeben.

Eigentlich erzähle ich das Ganze hier nur, weil mein Abnabelungserlebnis im weitesten Sinne ein Granny-Smith-Erlebnis war. Ich durchlebte eine Phase des Erwachsenwerdens, in der meine Eltern anfingen, schwierig zu werden. Sie befanden sich irgendwie im Übergang von 68ern zu Alt-68ern, auch optisch. Der Knackpunkt daran war, dass ich mich just zu dieser Zeit für Kunst zu interessieren begann. Meine schulischen Leistungen ließen nach, und ich gab mich Tagträumen hin. Das korrekte Wort aus der Erwachsensprache lautet wohl »Schlendrian«. Ich glaube, mittlerweile haben sich der Eberhard und die Renate damit abgefunden, dass ich trotz Studium nur Komiker geworden bin. Immer noch besser als Kellnern, aber damals verschwendete ich ans Kabarett noch keinen Gedanken, zumal diese Kunst von meinen Erzeugern hoch geschätzt wurde. Nein, ganz *pauschal* wollte ich Künstler werden, und das schmeckte meinen Eltern kurioserweise überhaupt nicht. Sie selbst waren zwar Freaks, aber der Sohn sollte es doch zu etwas bringen. Kurz gesagt, wir lebten in einer Zeit gravierender familiärer Anspannung.

Wer jemals als Jugendlicher den Drang verspürte, Künstler zu werden, weiß, wovon ich spreche, das war kein Spaß für alle Beteiligten. Ich zog nur noch diese eng anliegenden schwarzweiß gestreiften Hosen an, trug die knöchelhohen Allround-Turnschuhe und übte mich im Jonglieren. Mit der Jonglage geht es immer los! Natürlich achtete ich darauf, dass meine Eltern nichts merkten, sie würden es noch früh genug erfahren, wenn Frank Elstner mich als Jongleur-Weltmeister zu *Wetten, dass?* einlud oder so. Bis dahin aber musste ich hart arbeiten und tat dies bei der Bärenmarken-Oma. Nie im Leben wären die Renate und der Eberhard darauf gekommen, dass ich mich bei der Großmutter im Jonglieren übte.

Dabei lag das doch auf der Hand. Weil ich kein Geld hatte, um mir echte Bälle zu kaufen, trainierte ich mit Äpfeln, und von denen gab es genug bei meiner Oma. Sie schmiss mir die Äpfel zu, dann musste sie sie schon mal nicht essen, ich fing sie auf und jonglierte mit ihnen. Erst mit dreien, später sogar mit vieren. Am Anfang fielen natürlich noch viele zu Boden, aber Granny Smiths sind sehr robust, und erst nach mehrmaligem Runterfallen waren sie unbrauchbar und wurden zu Kompott verkocht. Ich habe die heimlichen Übungsstunden bei meiner Großmutter geliebt, wir hatten ein großes Ziel und ein kleines Geheimnis. Mit der Zeit wurden wir richtig gut, ich entwickelte mich zu einem sicheren Fänger, und die Oma wurde zu einer spitzenmäßigen Werferin. Obwohl sie gar nicht Künstler werden wollte, hätten wir auftreten können.

Irgendwann kamen meine Eltern dann aber doch dahinter. Eines Nachmittags, sie waren ohnehin schon sauer auf mich, weil ich eine Deutsch-Probe über Friedrich Schiller in den Sand gesetzt hatte, schauten sie auf einen Sprung bei der Oma vorbei und entdeckten uns inmitten der Granny-Smith-Performance. Und ich erhielt eine satte Abreibung.

»Da steckst du also immer. Null Ahnung vom Wilhelm Tell, aber mit Äpfeln umanander schmeiß'n«, giftete die Renate. »Was machst'n da überhaupt mit dem Obst? Soll des Kunst sein, oder was? Des is' was zum Essen. D'Oma wär früher froh g'wesen, wenn's einen Apfel g'habt hätt'.«

»Aber Renate«, verteidigte ich mich, »die Oma mag doch überhaupt keine Äpfel.«

»Des sind koane Äpfel«, brüllte der Eberhard, »des sind Nahrungsmittel!« Er bemerkte diesen Widerspruch noch nicht einmal, so außer sich war er vor Wut. »Du spielst da fröhlich mit'm Essen, und in Afrika ham die Negerkinder nichts zu rauchen. Wann fangst du endlich an, nach zum denken? Und überhaupts, woaßt du eigentlich, wo diese Scheiß-Äpfel herkommen, ha? Aus Lateinamerika kommens, Burschi, aus einer Militärdiktatur. Aber des is' dir ja wurscht, jetza …, ach – des is' doch nicht mein Sohn!«

Ich verstand überhaupt nichts mehr, ging es nun um die Granny-Smith-Jonglage oder ums Essen? Regten sie sich so auf, weil ich mit den Äpfeln herumspielte? Weil ich Künstler werden wollte? Weil ich etwas hinter ihrem Rücken tat? Weil mir Politik egal war? Weil ich die Großmutter liebte und nicht sie? Ich wusste nur eins, sie meinten es verdammt ernst. Der nackte Zorn stand ihnen ins Gesicht geschrieben. Es war nicht dieser »Ohne Abendbrot ins Bett«-Blick, meine Eltern waren zutiefst verletzt. Verletzt und enttäuscht. Irgendetwas musste da schon lange gegärt haben, was jetzt zum Ausbruch gekommen war. Aus der zeitlichen Distanz betrachtet, war diese Geschichte doch eigentlich eine Lappalie, aber sie löste etwas aus, eine Veränderung, die uns alle betraf, die jedoch keiner so recht begriff. Es war, als würde mit einem Mal die ganze Familie erwachsen, nur für ein paar Minuten zwar, aber man konnte es spüren.

Manchmal ist es merkwürdig, welche nebensächlichen Geschichten plötzlich umschlagen in Schmerz, der sich kaum noch lindern lässt. *Nur was nicht aufhört, wehzutun, bleibt im Gedächtnis.* Ich habe einen ähnlichen Streit später nur noch einmal erlebt, als es um die Wehrdienstverweigerung ging, aber ich glaube, es war die Episode mit den Äpfeln, nach der wir begannen, einander behutsam loszulassen. Ganz vorsichtig natürlich und unendlich langsam. Den Wunsch, Künstler zu werden, begrub ich allerdings für lange Zeit, nur geträumt habe ich, über Jahre hinweg immer denselben Traum:

Ich laufe durch eine menschleere, graue Öde. Ich laufe und laufe und gelange schließlich an einen Baum. Unter dem sitzen der Eberhard und die Renate, wie in einer *Film noir*-Ausgabe des Paradieses, als traurige Abziehbilder von Adam und Eva. Sie sitzen da, mit ausdruckslosen Augen, und schweigen. Über ihnen, an einem ansonsten völlig kahlen Ast hängt ein leuchtend grüner Granny Smith. Der einzige Farbfleck weit und breit. Es ist, als würde der Apfel meinen Eltern Angst einjagen. Meine Eltern entdecken mich, und ich sehe mich im Traum selber. Ich bin noch ganz klein und trage mein Winnetou-Kostüm. Die Renate spring auf, pflückt den Apfel und wirft ihn mir lachend zu.

»Null Ahnung vom Wilhelm Tell, aber mit Äpfeln umanander schmeiß'n.«

Ich lege den Granny Smith auf meinen Kopf und der Eberhard hält auf einmal eine Armbrust in der Hand.

»Mit Waffen, Burschi, mit Waffen wird ned g'spielt«, ruft er und lacht ebenfalls. Aber er schießt nicht. Ich stachele ihn an:

»Trau dich doch, trau dich doch. Schieb es jetzt nicht auf deinen Pazifismus. Du sollst ja nicht mich treffen, sondern den Apfel.«

Im Traum denke ich schmollend: Wenn ich tot bin, dann wird es dir verdammt Leid tun. Dann wirst du schon sehen. Wenn morgen die Welt untergeht, würdest du heute noch ein Apfelbäumchen pflanzen. Einen Granny-Smith-Baum. Der Eberhard sagt: »Des is' doch nicht mein Sohn!«, und drückt ab. Mit einem Schlag wird alles bunt. Meine Großmutter väterlicherseits schaltet den Plattenspieler ein, und es erklingt in bombastischer Lautstärke *Pink Floyd*. Mit einem Dosenmilchdosenpiekser als Taktstock dirigiert sie das imaginäre Orchester, und die Band noch übertönend singt sie: »Beiß nicht gleich in jeden Apfel, er könnte sauer sein.«

Dann wache ich auf.

Werd endlich erwachsen!

Hunde, die bellen, beißen mich
(Meine kleine Farm III)

»Wer sein Beinchen hebt
an Reifen von Kurzparkern,
sucht dann vergebens.«
(Uli Becker)

Ja, ich habe Angst vor Hunden! Und das liegt nicht daran, dass ich als Kind einmal negative Erfahrungen mit ihnen gemacht hätte. Im Gegenteil, ich bin in einer ausgesprochen tierfreundlichen Umgebung großgeworden. Die Dosenmilch-Oma besaß einen Wellensittich, und der Eberhard und die Renate hatten sowieso ständig irgendwelches Getier zur Pflege, und soweit ich mich erinnere, waren da auch Hunde darunter, trotzdem habe ich Angst.

Was heißt Angst – regelrecht Ehrfurcht habe ich! Ich würde mich nie trauen, einen Hund einfach so anzusprechen – aus Angst, er könnte mich missverstehen. Man weiß ja nicht, wie er reagiert. Es heißt zwar, der Hund sei der beste Freund des Menschen, aber das stimmt gar nicht, zumindest nicht bei mir. Mein bester Freund heißt nämlich Karl und ist ein Goldfisch. Niemand hört mir so gut zu wie Karl, er versteht mich. Hunde verstehen mich nicht. Vielleicht ist das der Grund, warum ich einen Goldfisch besitze: weil kein Hund der Welt mich zum Freund haben will.

Und das, glaube ich, frustriert mich ziemlich. Einmal habe ich mich dabei ertappt, wie ich lange regungslos vor dem

Goldfischglas saß, meinem Freund tief in die Augen blickte und dann leise sagte:

»Sitz, Karl, sitz!«

Er runzelte nur die Stirn und entschwamm beleidigt hinter sein Lieblingswassergras.

Will ich etwa wirklich lieber einen Hund zum Freund? Das kann doch gar nicht sein. Ich hasse Hunde, sie beißen mich, und ständig latsche ich in ihre Hinterlassenschaften. Das ist eh das Schlimmste, zeig mir einen Hundehaufen, und ich trete rein. Meine Füße riechen schon so nicht gut, und dann das! Immer! Hundekot ist einfach scheiße. Letzten Sommer nahm ich eine dieser dampfenden Tretminen mit einer solchen Wucht mit, dass ich meine tief profilierten Turnschuhe in einer Pfütze zurücklassen musste, um mir zumindest einen Rest an Menschenwürde zu bewahren.

Meine Angetraute hat sich in Grund und Boden geschämt, weil ich barfuß weiterbummeln musste. (Nicht ganz zu Unrecht. Man muss wissen, dass der Autor ohne Schuhe eher klein wirkt und überdies sehr hässliche Füße hat.) Auf jeden Fall haben wir dann sehr gestritten, und der Tag war im Eimer. Als ich mich später bei Karl ausheulen wollte, sagte er bloß:

»Wieso erzählst du *mir* das?«

Recht hatte er. Ein Freund weiß, wann es Zeit ist, aufgeschobene Probleme anzugehen. Also nahm ich eines Tages all meinen Mut zusammen und fuhr zu einem Bauernhof unweit Kirchzarten. Dort lebt nämlich eine alte englische Windhündin namens Kate, von der berichtet wird, sie sei weise, aber auch friedlich (nicht zuletzt, weil sie früher mal als Simultandolmetscherin in Bottrop tätig gewesen sein soll). Zaghaft sprach ich sie an:

»Entschuldigen Sie, Mrs. Kate, ich hätte eine Frage: Sagen Sie, treten Hunde eigentlich auch in Hundekot?«

»Wir sind doch nicht blöd«, erwiderte sie, »Gegenfrage, mein Junge: Meinst du, es macht Spaß, immer auf die Straße zu scheißen? Es ist so entwürdigend.«

Ich nickte stumm, und sie fuhr fort:

»Aber was sollen wir machen? Ins Restaurant gehen und fragen, ob wir die Toilette benutzen dürfen? Mein seliger Mann Rex hat das mal bei einem China-Imbiss in York getan und landete zur Strafe im Kochtopf. Seitdem verhalten wir uns, wie die Menschen es von uns erwarten, ich glaube, sie fühlen sich dann überlegener.«

»Kann ich Ihr Freund werden, Kate?«, fragte ich noch, und sie willigte ein. Ein paar Tage später kam sie dann das erste Mal zu Besuch, verbrachte Stunden auf dem Klo und erzählte meinem Goldfisch herrliche Dolmetscheranekdoten.

»Wissen Sie, wie die Deutschen *every dog has its day* übersetzen?«

Karl prustete: »Dass jeder Hund seine Tage hat?«

»Nein«, antwortete die Hündin, »*dass selbst ein blindes Huhn mal ein Korn findet.*«

Hühnerwitze, so viel habe ich schon gelernt, sind bei Hunden sehr beliebt, aber auch meinen Goldfisch habe ich noch nie so lachen sehen.

Aus kontrolliert biologischem Anbau

My personal fifteen minutes

Andy Warhol hat einmal gesagt, dass jeder Mensch für 15 Minuten berühmt sein würde, und ich glaube, jetzt ist es Zeit einzugestehen: Ich hatte mein Viertelstündchen schon. Es war im Mai 1989, ich befand mich auf Klassenfahrt in Bonn und traf – *den Kanzler.*

Einfach so. Auf offener Straße, ganz ohne Bodyguards kam Helmut Kohl des Weges, und ich wusste sofort, nie wieder in meinem Leben würde ich der Macht so nahe sein. Ich hätte ihn umbringen können, niemand außer meinen Mitschülern hätte es gesehen. Aber anstatt ihn zu töten oder zu küssen (der Gedanke schoss mir tatsächlich durch den Kopf), stand ich fassungslos da und starrte ihn an. Er war ganz anders als im Fernsehen, viel größer, massiver und kein bischen tollpatschig. Ich war schlicht und ergreifend beeindruckt. Helmut Kohl, der personifizierte Über-Vater.

Unsere Lehrerin mit dem standesgemäß sozialdemokratischen Doppelnamen Bürmer-Lechler eilte herbei, begrüßte ihn und erklärte, dass es sich bei uns um einen Sozialkunde-Leistungskurs aus München handelte. Der Kanzler entgegnete weltmännisch:

»Das macht doch nichts.«

Und er nahm uns mit in sein Büro. IN SEIN BÜRO! Dort, im Zentrum der Politik, in der Schaltzentrale der Macht, durften wir ihm *eine* Frage stellen. Der Kanzler war bereit, sich mir zu offenbaren. Fieberhaft überlegte ich, versuchte krampfhaft, all das pubertäre Gedankengut aus meinem Hirn zu verdrängen, allein, weder eine Liebeserklärung noch eine ausgeklügelte politische Fangfrage, noch ein Witz (»Herr Kohl, was machen Sie eigentlich beruflich?«) kamen über meine Lippen. Ausgerechnet Harald Meyer stellte dann unsere, ja, *die* Frage:

»Macht es Spaß, Bundeskanzler zu sein?«

Mehr war nicht drin.

Helmut Kohl aber verzog keine Miene, sah uns sehr ernst an und antwortete:

»Wisst ihr, nachts, wenn die Nation schläft, sitze ich hier allein in diesem Büro. Ich schaue die Goldfische in meinem Aquarium an und denke an Deutschland.«

Ich schwöre, er hat das so gesagt, und ich war verdammt noch mal ergriffen.

Wir machten dann noch ein Gruppenfoto. Darauf sitze ich auf dem Boden, zu Füßen des mächtigsten deutschen Mannes. Mein Gott, sah ich scheiße aus Ende der 80er. Man kann von Glück reden, dass das Bild schwarzweiß ist, ich trug umgekrempelte Jeans, Turnschuhe, weiße Socken, eine braune Wildlederjacke und darunter ein rosa Muskelshirt. Ich war gerade volljährig, was diesen Aufzug keinesfalls rechtfertigt. Im Gegenteil. Wenn man ehrlich und objektiv bleibt, ist Helmut Kohl der einzig halbwegs anständig angezogene Mensch auf dem Bild.

Das Foto wurde übrigens ein paar Tage später in der Lokalzeitung veröffentlicht, und meine Eltern haben sich in Grund und Boden geschämt. Herr von Ginten kam herüber, mit der

Zeitung in der Hand, und sagte zu meinem Vater:

»Mit Herrn Dr. Kohl auf einem Bild! Auf Ihren Jungen können Sie stolz sein. Das ist doch Ihr Sohn, werter Nachbar?«

Und der Eberhard antwortete:

»Des is' nicht mein Sohn.«

Die Renate weinte.

Aber das Foto ließ keinerlei Raum für Lügen. Ich sitze da, und mein Gesicht zeigt das unsichere Lächeln eines kleinen Jungen, der den historischen Moment erahnt. Und direkt hinter mir steht der Kanzler und trägt das Gewicht der Welt.

Zehn Jahre ist das jetzt her. Ich habe ihn im Übrigen nie gewählt, noch nicht einmal gemocht, und doch blieb mir haften: Seine Fische und ich wissen, wie er wirklich ist.

Und dann, an der Schwelle zur neuen Zeitrechnung, stellte sich heraus, er war ein ganz gewöhnlicher Krimineller. Auch wenn es total albern klingt: Irgendetwas ist in mir kaputtgegangen. Oder auch wieder ins Lot.

Gruppenbild mit Helmut Kohl, aber ohne Erwin Moser

Parkhaus des Grauens

> »... und die Leute, die beim Reinfahren ins Parkhaus
> nie an den Quittungsautomaten kommen und
> behaupten, ihr Arm wäre zu kurz.«
> (Uli Becker)

Manchmal begehe ich den großen Fehler, mein Auto für teures Geld in einer Tiefgarage abzustellen. Wenigstens einmal wurde ich dafür – zumindest sprachlich – fürstlich entlohnt. In einer Bahnhofsgarage in der Provinz fand ich ein goldenes Schild, welches dem gebeutelten Besucher verkündete, dass just dieses Beton-Rondell mit dem »European Parking Award 1994« ausgezeichnet wurde.

Ist das nicht schön? Mit dem »European Parking Award« – bei der Verleihung wäre ich gerne dabei gewesen. Wer mag den Preis überreicht haben? Der Vorjahressieger? Und hat unsere tapfere Tiefgarage auch eine Rede gehalten und artig Mama, Gott und ihrem Manager gedankt?

Ich weiß nicht, wer sich so etwas ausdenkt, aber für einen Moment war ich glücklich. Ansonsten sind und bleiben Parkhäuser, egal ob in der Provinz oder anderswo, fiese, kleine Machwerke des Teufels.

Regelrechte Panik ergreift mich jedes Mal, wenn ich mein Auto in Ermangelung eines oberirdischen Parkplatzes in den Schlund eines dieser düsteren Labyrinthe lenken muss. Es ist immer das Gleiche: Ich fahre rein und finde selbstredend erst mal keinen freien Platz. Hysterisch irre ich durch die Finsternis, und in den verbrecherisch engen Kurven beweist der Beton, dass er wesentlich mehr aushält als der Kotflügel meines Wagens. Kleingeld habe ich natürlich keines dabei, und meine Scheine nimmt der Drecksautomat nie. NIE! Dazu kommt, dass ich, wenn ich mal einen Parkplatz finde, mein Auto bei der Rückkehr selbstverständlich stundenlang suchen muss. Und wieder irre ich panisch durch die Dunkelheit, diesmal zu Fuß.

An mein erstes Mal kann ich mich nur allzu gut erinnern: Trotz Totalversagens im Rückwärtseinparken frisch beführerscheint, brauste ich mit dem Wagen meines Vaters und der ersten großen Liebe auf dem Beifahrersitz in die große Stadt. Es war eine Premiere. Nie zuvor hatte mir der Eberhard sein Auto geliehen. Was heißt *geliehen*? Mit Sorgenfalten auf der Stirn und furchtverzerrtem Gesicht zu treuen Händen übergeben. Sein Auto!

Eins der größten Vorurteile ist, dass Hippies Automobilmuffel gewesen seien. Im Gegenteil: *On the road* war das Höchste! Und dass sie früher im zerbeulten VW-Bus und später mit dem geleasten Volvo-Kombi über die Lande düsten, ist ebenfalls gelogen. Meine Eltern fuhren Benz. Bis heute tun sie das – Janis Joplin hin oder her.

Sie hegten und pflegten ihr Statussymbol. Was konnte der Eberhard ausrasten, wenn die Renate eine Schramme in den Mercedes fuhr oder seine heilige Kassettenordnung in der Mittelablage durcheinander brachte. Nur für die Liebhaber von Brüchen in deutschen Biografien: Ein unvergleichliches Bild bot der Eberhard in Antifa-T-Shirt und Schlaghose beim samstäglichen Polieren des Wagens. Und wenn wir einen gemeinsamen Ausflug unternahmen – *er* fuhr. Was das Autofahren anging, führten meine Eltern eine ganz normale Ehe.

Einschließlich der Tatsache, dass es eine Höllenarbeit war, ihnen den Wagen für einen Abend abzuluchsen. Aber ich brauchte ihn dringend, denn bei der Frau, die ich ausführte, handelte es sich um niemand Anderes als Katja Berger. Ich glaube, es war mein achttausendster Versuch, sie ins Kino zu bekommen, und ohne Auto hätte ich es wohl nie geschafft. Da kam mir die Edelkarosse meiner Ernährer gerade recht. Lässiger als Mercedes ging nicht!

(Auf gar keinen Fall aber durfte ich mich vor Katja Berger blamieren. Das war mir schon einmal passiert, als damals im Freibad alle, aber auch wirklich alle, vor den Augen der Mädchen vom Zehnmeterturm gesprungen sind. Nur ich war zu feige. Heulend stieg ich wieder runter und rannte nach Hause. Ich war das Gespött der ganzen Klasse. Noch mal würde mir so etwas nicht passieren, nicht vor Katja Berger.)

Das lockere Handling des Autos barg für mich zwar eine erste Hürde, doch ich hatte mich bestens vorbereitet. Um nicht schon vor dem eigentlichen Rendezvous mehr als uncool schräg in einer zehn Meter langen Parkbucht zu stehen, fuhr ich gleich ins Parkhaus. Ich zog ein Ticket, hierzu musste ich aussteigen – James Bond wäre so was nie passiert. Aber Katja lächelte.

Dann allerdings fand ich natürlich ums Verrecken keinen Platz, in den ich so locker wie geplant hätte einparken können. Nach dreimaligem Durchfahren sämtlicher Stockwerke gab ich schweißgebadet auf und wollte nur noch raus.

»Was soll's, Lady Berger. Park-and-ride ist eh ökologischer.«
Sie lächelte nicht mehr.

Mit zittrigen Händen steuerte ich dem Tageslicht entgegen, aber natürlich versperrte mir die Ausfahrtsschranke den Weg, und natürlich hatte ich das Ticket noch nicht bezahlt. Wann auch? Also zurück. Aber natürlich stand hinter mir ein Auto. Die Peinlichkeit war perfekt, und die Frau war ich los.

In der Zeitschrift *ADAC Motorwelt* stand vor nicht allzu langer Zeit eine kurze Mitteilung mit der Überschrift: »Frauen haben Angst vor Parkhäusern.« Den Grund lieferte das feministische Szene-Blatt gleich mit: Die deutschen Parkhäuser seien oft »unübersichtlich strukturiert [...], die Parkbuchten zu klein und die Kurven zu eng«. Gut, dass das mal jemand in dieser Deutlichkeit auf den Tisch gebracht hat. Aus diesem Grund sei das Einrichten von »Frauen-Parkplätzen« durchaus sinnvoll. (Frauenparkplätze: »große Buchten und nah am Tageslicht«.)

Frauen Deutschlands, hättet ihr was dagegen, wenn ich die mitbenutze?

Wie ich verweigern musste

Ein entscheidender Wendepunkt in meinem Leben war die Musterung. In vielerlei Hinsicht.

Zunächst einmal bekamen wir schulfrei. Alle Jungen der zehnten Klasse hatten einen Tag frei, natürlich nicht einfach so, sondern mit der Auflage, das Kreiswehrersatzamt in der Dachauer Straße aufzusuchen. Aber im Prinzip handelte es sich um geschenkte Zeit, und weil der Musterungstermin früh am Morgen angesetzt war, planten wir, den Rest des Tages in der Stadt zu verbringen und ordentlich einen draufzumachen. Glücklichen Umständen und dem Alphabet ist es zu verdanken, dass ich unter »J-M« und gemeinsam mit Harald Meyer und Erwin Moser auf Wehrtauglichkeit untersucht wurde.

Pünktlich betraten wir den mit allerlei medizinischem Gerät voll gestopften Raum. Eine etwas mürrische, ältere Frau schrieb unsere Namen in eine Liste und maß uns den Blutdruck. Wir wurden auf Lungengeräusche abgehört, gewogen und vermessen. Schließlich zog uns die Dame nacheinander die Hose runter und griff jedem mit sterilen Handschuhen an den Schwanz. Nicht dass ich mich vor meinen Freunden geschämt hätte, wir kannten unsere Geschlechtsteile und hatten sie schon des Öfteren auf dem Schulklo verglichen. Länge und Dicke wollten wir wohl wissen, aber dass sich der Staat auch dafür interessierte, war mir neu. Eine Erektion in diesem Rahmen wäre mir aber doch peinlich gewesen. Ich glaube, den anderen erging es ähnlich, doch der dicke Erwin entschärfte die Situation durch einen großartig dummen Spruch. Als er an die Reihe kam und die Frau auch ihm mit versteinerter Miene bei den Klöten packte, meinte er trocken:

»Ja hoppla, gute Frau, wissen Ihre Nachbarn eigentlich, was Sie tagsüber machen?«

Kurze Zeit später wurden wir mit den erwarteten Ergebnissen entlassen. Erwin und ich erhielten beide eine Zwei, Harald war untauglich. Wir fuhren in die Innenstadt und schlenderten nach einem kurzen Abstecher in einer Beate Uhse-Filiale zum Hofbräuhaus, um den Tag gebührend zu feiern. Angeheitert und immer noch deutlich erotisiert, gelüstete es uns allerdings noch nach weiteren Abenteuern, und wir überlegten, was zu tun sei. Zur Wahl standen Roller-Disco und Kino. Wir entschieden uns für Letzteres und sahen uns aus Nostalgie zum x-ten Mal den Film *La Boum* an, der damals über Jahre jeden Nachmittag im Cinema gezeigt wurde. Danach suchten wir eine weitere Kneipe auf und kamen am späteren Abend sehr betrunken und glücklich nach Hause.

Obwohl jetzt an sich alle Zeichen auf Onanie standen – ich hatte einen Fetzen-Rausch und war nicht zuletzt wegen Sophie Marceau sexuell mehr als stimuliert –, war mir überhaupt nicht danach. Ich schlappte auf mein Zimmer und dachte über die Musterung nach. Irgendwie ahnte ich, dass das ein gravierender Einschnitt war. Eine wegweisende Entscheidung stand an, so viel war sicher, welche genau, das wusste ich nicht. Ich onanierte doch und schlief ein.

An den darauf folgenden Tagen wurden meine Gedanken

immer klarer. Es ging gar nicht so sehr um die Wahl zwischen Zivildienst und Bundeswehr, es ging um mein bisher gelebtes Leben, speziell um das Verhältnis zu meinen Eltern. Was spielte es schon für eine Rolle, ob man nun für ein paar Monate Soldat wurde oder nicht? In der Schule war das schnell erörtert. Wer Arzt oder Anwalt zum Berufsziel erklärte, sollte besser nicht den Kriegsdienst verweigern, lautete die offizielle Meinung. Also gingen alle, die später vielleicht BWL, Jura oder Medizin studieren wollten, zum Bund, und die anderen, denen die Zukunft eher egal war, sahen zu, wie sie ohne viel Aufwand an einen sicheren Verweigerungsschrieb kamen.

Mir aber fiel die Entscheidung ziemlich schwer. Bislang war ich der Ansicht gewesen, mich in deutlicher Ablehnung zu meinen Eltern zu entwickeln. Jeder fand seine Alten uncool, das war normal und notwendig. Eltern waren spießig, auf keinen Fall wollte man so werden wie sie. Für die anderen stellte das kein größeres Problem dar, Erwins Eltern zum Beispiel waren rechts, gingen in klassische Konzerte und legten Wert auf ordentliche Garderobe, da ließ es sich leicht rebellieren. Dass Erwin verweigern würde, stand außer Frage. Der Eberhard und die Renate dagegen waren Freaks, nahmen Drogen und hörten Rockmusik, da sah die Sache anders aus. Das konnte man peinlich finden, aber so richtig anders machen konnte man es nicht. Je länger ich darüber nachdachte, desto klarer wurde mir, dass ich, über den Daumen gepeilt, nach ihrem Bilde geriet. Ich las viel und hasste Mathe. Naturwissenschaften und Wirtschaft interessierten mich nicht die Bohne, und irgendwie links war ich auch. (Wobei *links* so viel hieß wie »die CSU blöd finden«.) Natürlich stritten wir viel zu Hause, aber insgeheim formten mich meine Eltern so, wie es ihnen passte. Und langsam begriff ich das auch.

Die Frage Bundeswehr oder nicht kam also zum richtigen Zeitpunkt. Für die Renate und den Eberhard war es ausgemachte Sache, dass ihr Kind den Dienst an der Waffe nicht antreten würde, sonst hätten sie ja alles falsch gemacht in ihrem Leben. Genau darauf baute ich. Ich wollte ein Zeichen setzen und meinen Eltern beweisen, dass ich von nun an meinen eigenen Weg gehen wollte. Da sie mich aber eigentlich immer untergebuttert hatten, musste ich mich sorgfältig vorbereiten. Lapidar zu erklären: »Ich gehe zum Militär«, war nicht drin. Ich wollte ihren Willen brechen und sie mit ihren eigenen Waffen schlagen. Ich beschloss, meine Entscheidung als einen Akt der Subversion zu begründen. Streng dialektisch wollte ich darlegen, dass gerade unter den Soldaten politisches Bewusstsein vonnöten sei und dass es heute, mehr denn je, wichtig wäre, das System von innen heraus zu verändern. Kaum hatte ich meinen Eltern den Entschluss kundgetan, wusste ich: der Plan funktionierte. Ich traf sie ins Mark. Die Renate war erschüttert und *so enttäuscht*.

»Is' das der Dank? Wofür, Jess, wofür sind wir gegen Fietnam auf d'Straße gegangen? Sag mir des amal.«

Der Eberhard tickte vollends aus.

»I glaub', du spinnst. Soldat wirst du mir koaner, des geb' ich dir schriftlich. Schau, dass'd auf dein Zimmer kommst, und du bewegst dein' Arsch da erst wieder raus, wenn deine Verweigerung fertig ist. Verstanden?«

Alles lief wie am Schnürchen.

»Eberhard, ich will doch zur Bundeswehr, *weil* ich gegen den Krieg bin.«

»Was soll'n des für a Argument sein? I leg' mich doch ned mein Leben lang krumm, damit mein Herr Sohn ein Mörder werd. Abmarsch!«

»Aber Eberhard, gerade beim Militär braucht es doch denkende Menschen. Ich dachte …«

»Einen Scheißdreck hast du dir gedacht, Burschi. Du schreibst jetza deine Verweigerung, sonst schlag' i dich tot.«

Wieder waren sie im Begriff, mich zu besiegen. Ich bäumte mich auf.

»Was soll ich denn da überhaupt schreiben?«

»Des is' mir so was von wurscht. Von mir aus malst die Bergpredigt ab oder sonst was, aber zum Bund werd ned gegangen.«

Untergebuttert. Wieso setzten sich meine Eltern immer durch? War ich so ein Schwächling? Ich rannte in mein Zimmer und kämpfte mit den Tränen. Nein, so leicht ließ ich mich nicht unterkriegen. Ich schaltete den Atari an und tat, wie mir geheißen. Das wollten wir doch mal sehen. Als Erstes tippte ich die Bergpredigt ab, Wort für Wort. Dann ergänzte ich den Text mit eigenen Anmerkungen. Dass ich es für eine ausgesprochen absurde Idee hielt, nach einem Schlag auf die eine Wange auch noch die andere hinzuhalten, schrieb ich, und dass ich das auch noch nie gemacht hätte. Im Gegenteil, formulierte ich, als Kinder prügelten wir uns wie die Weltmeister, was denn sonst? Und überhaupt, schloss ich meine Ausführungen, sei »du sollst nicht töten« zwar Gottes Gebot, aber von Notwehr stünde nichts in der Bibel, und wo kämen wir hin, wenn in Deutschland nur Pazifisten rumliefen. Alles in allem war es eine reichlich indifferente Verweigerung, die man mir unmöglich durchgehen lassen konnte. Ohne meine Eltern zu fragen, schickte ich den Brief nebst einem tadellosen polizeilichen Führungszeugnis ab. Ich hatte gehorcht, aber gegen Dummheit halfen bekanntlich weder Pillen noch homöopathische Präparate. Da waren selbst der Eberhard und die Renate machtlos.

Es kam, wie es kommen musste, und man ludt mich zur mündlichen Verhandlung. Meine Eltern impften mich rhetorisch gegen etwaige Fangfragen, doch bestehen musste ich allein. Und das wollte ich ja gar nicht, vor dem gestrengen Tribunal zu versagen, war ein Leichtes und zudem keine Schande. Ich würde mein Ziel erreichen. Komisch war das schon, man schrieb das Ende der 80er Jahre, in Europa herrschte allerorten Entspannung, die Wiedervereinigung stand bevor. Jeder Depp schaffte es problemlos, den Kriegsdienst zu verweigern, nur ich musste als einer der Letzten seiner Art zur mündlichen Gewissensprüfung. Die Renate und der Eberhard waren aufgeregter als ich, sie wünschten mir Glück, und in Anzug und Schlips trat ich an.

Zum zweiten Mal besuchte ich das Kreiswehrersatzamt. Im Verhandlungszimmer erwarteten mich drei Männer, ein älterer mit grau meliertem Haar, der wohl das Sagen hatte, und zwei jüngere, die Schriftführer. Nebeneinader saßen sie an einem langen Schreibtisch, über ihnen hing die deutsche Flagge. In einer Ablage lag eine Kopie meines Verweigerungsschreibens. Der Vorsitzende bat mich, Platz zu nehmen, die beiden anderen nickten kurz.

»So, da sind Sie ja«, begann der Grauhaarige, »dann wollen wir mal, Herr Joch…«

»Jochimsen«, ergänzte ich eilfertig.

»Genau, da steht's ja, Herr Joachim.«

Hatte ich richtig gehört? *Joachim*? Mir gefror das Blut in den Adern. Wenn ausgerechnet jetzt die blöde Geschichte mit der Einschulung rauskäme, konnte ich das Militär vergessen. Ich zitterte.

»Was haben Sie denn, Herr Joch…, zum Teufel, wie heißt das?«

Fieberhaft überlegte ich – nur ein Name war richtig. Einen Kriminellen ließen Sie nie zum Bund. Die Chancen standen fünfzig zu fünfzig, ich entschied mich dafür, ein letztes Mal das Verbrechen meiner Eltern zu decken.

»Joachim. Ich heiße Jens Joachim.«

»Wieso steht dann hier Joch... Jochimsen?«

Das war's. Aus die Maus. Ich sank in mich zusammen, doch der Vorsitzende blieb freundlich.

»Was ist denn? Wir haben doch noch gar nicht angefangen.«

»Es ist nur so«, stotterte ich, »dass mein Name oft falsch geschrieben wird, das ist alles.«

Ich schöpfte neuen Mut.

»Nur nicht den Mut verlieren, Herr Joachimsen.«

»Nein, nein«, erwiderte ich. *Joachimsen* war der rettende Kompromiss.

»Herr Joch...«, setzte der Vorsitzende erneut an, »wie aus ihren Unterlagen hervorgeht, wollen Sie nicht zur Bundeswehr.«

Meine Stunde:

»Doch, doch ich will schon, aber mein Vater ...«

»Herr Joachimsen, das ist doch ihr gutes Recht. Sie sind gebürtiger Münchner?«

»Äh ja. Aber Sie haben mich eben falsch verstanden. Ich *möchte* zum Bund, es ist nur so, dass mein Vater ...«

»Ja, der Apfel fällt nicht weit vom Stamm, nicht wahr? Herr Joachimsen, wir sind uns doch einig, dass der Zivildienst eine gute Sache ist. Aber er ist, wie der Name schon sagt, in erster Linie vor allem, und deswegen heißt er ja auch so, Ersatz-Dienst. Schauen Sie, das deutsche Heer hat eine Sollstärke von 650000 Mann. Das ist das Soll, und da stellt sich die Frage: Warum sollten nicht auch Sie?«

»Ja, eben!«, rief ich hocherfreut aus.

»Ich verstehe Ihre Beweggründe«, sagte der Vorsitzende, »ich verstehe sie nur zu gut. Herr Joach..., ich darf doch Jens sagen, oder? Sie stammen aus einem christlichen Elternhaus, Jens?«

»So christlich war das gar nicht. Ich habe die Bergpredigt

nur abgeschrieben. Ich will ja eigentlich auch nicht ...«

»Jens«, unterbrach er mich, »Sie sollten bedenken, Kriegsdienst ist erst einmal nicht mehr als ein Wort. Denken Sie doch auch an die anderen Möglichkeiten, die Ihnen die Truppe bietet. Lkw-Führerschein und eine Kameradschaft, wie Sie sie sonst nicht kennen.«

»Genau darum geht's mir ja«, frohlockte ich, »Leute treffen, und Führerschein wäre prima. Und mit dem Schießen habe ich auch keine Probleme, ich habe schon oft auf dem Schützenfest ...«

»Langsam, langsam, Herr, äh, Jens. Das ist eine faire Verhandlung, und ich möchte nicht, dass Sie sich grundlos in Widersprüche verwickeln. Ich möchte Ihnen eine kleine Geschichte erzählen, wie sie sich in Ihrer Kindheit zugetragen haben könnte.«

Langsam begann ich zu resignieren.

»Da bin ich aber gespannt, ich könnte Ihnen auch einige Geschichten aus meiner Kindheit erzählen.«

»Treiben Sie es nicht zu weit, Jens. Also: Sie gehen im Wald spazieren, und wie Sie so gehen, werden Sie Zeuge folgender Begebenheit. Ein schwer bewaffneter russischer Soldat steht in etwa fünf Meter Abstand zu Ihnen, und in seiner Gewalt befindet sich Ihre Mutter.«

»Die Renate?«, platzte es aus mir heraus.

»Werden Sie jetzt bloß nicht frech, junger Mann. Dieser Russe ist im Begriff, ihre Mutter zu vergewaltigen.«

»Da kennen Sie meine Mutter aber schlecht.«

»Halten Sie endlich den Mund!«, brüllte der Vorsitzende, »zufällig haben Sie ein Maschinengewehr dabei. Wie verhalten Sie sich?«

»Wie bitte?«

»Was tun Sie?«

Ich überlegte kurz, und dann sagte ich:

»Ich erschieße meine Mutter.«

»Herr Joachimsen, Sie können gehen.«

Die Würfel waren gefallen und das Ergebnis niederschmetternd: Für die Bundeswehr ungeeignet, zum Schießen zu blöd. Ich *musste* Zivildienst machen. Renate und Eberhard gratulierten mir in aller Form.

Dixiland

Globalisierung

Gimmick in Göttingen

Unlängst zwang mich das *Unternehmen Zukunft* zu einem mehrstündigen Aufenthalt im Bahnhof Göttingen. Niemand sitzt gerne in Norddeutschland fest, aber Göttingen ist prima, und außerdem verfügt dieses Städtchen über eine Bahnhofsbuchhandlung, in der ich es tagelang aushalten könnte. Schon am Eingang zu diesem zweistöckigen Zeitschriften-Eldorado verheißt ein selbst gemaltes Schild, dass man hier die *Bravo* einen Tag vor ihrem eigentlichen Erscheinungsdatum erwerben könne. Das tat ich umgehend, ich meine, wo sonst bekommt man die *Bravo* einen Tag früher?

Kaum hatte ich die Pubertäts-Postille in meinen – ich gebe es zu – etwas zittrigen Händen, stieß mich ein akkurat gescheitelter Göttinger an und zischte verschwörerisch:

»*Die* musste lesen!«

Und er reichte mir ein Druckerzeugnis aus der gut sortierten Rubrik »Kirche/Esoterik/Erotik«. Die hieß wirklich so. Die Zeitschrift, die er mir gab, nanntc sich *Wonnebusen* – ein eindeutig weltliches Blatt mit vielen Bildern.

»Zwei verschiedene Zeitungen, derselbe Zweck«, lächelte der Seitenscheitel, und weg war er. Und ich stand etwas beschämt bereits an der Kasse. Dort aber stapelte sich meine Rettung, ein ganzer Packen druckfrischer Exemplare der Zeitschrift *YPS*.

»Es gibt immer noch *YPS*! Mit Yinni, Yan und Yorick! Und mit Gimmick!«, jubelte ich innerlich. Mein Gott, was habe ich diese Heftchen geliebt. Wann immer ich es mir leisten konnte, habe ich sie mir besorgt. Sollten all die Klugschwätzer mit *Asterix* doch ihr kleines Latinum bestehen (wie meine Eltern immer sagten) oder ihre Geografiekenntnisse auffrischen, ich hatte *YPS*. Ich lernte Wunderbares aus der Welt der Botanik und erfreute die Dosenmilch-Oma mit einer stattlichen Flusskrebs-Zucht. Auch kam ich so manchem innerfamiliären Verbrechen mit Hilfe meines *YPS*-Detektiv-Sets auf die Spur. Ich bin mir sicher: Wenn ich meinen Um-die-Ecke-guck-Gimmick nicht irgendwann verloren hätte, mein Leben wäre anders verlaufen. Was soll's.

Überwältigt vom wieder gefundenen Glück früher Kindertage griff ich zu, legte das *YPS* schützend über den *Wonnebusen* und deckte mit dem kleinformatigen Kinder-Weekly so zumindest die »großen Glockendinger« des Titelmodels meiner Erbauungsschrift ab.

Aber selbst im toleranten Göttingen ist es nicht möglich, *YPS*, *Wonnebusen* und *Bravo* – in dieser Reihenfolge – peinlichkeitsfrei zu erwerben.

»Das is ja ma' 'ne perverse Mischung«, bekam ich an der Kasse zu hören, doch ehe ich vor Scham in den Göttinger Bahnhofsboden hätte versinken können, griff der Buchhändler unter den Ladentisch und fragte grinsend:

»Soll ich's in die *Nationalzeitung* einpacken?«

Ein dreifach Hoch auf den Humor dieses Menschen.

Den Rest der Reise hatte ich dann sehr viel Spaß an meinen vier doch recht heterogenen Lesestöffchen. Während ich in der *Nationalzeitung* erwartungsgemäß erfuhr, dass »Neger

[...] schlimme Menschen« sind, klärte das Busen-Blatt schonungslos auf:

»Egal, ob Schwarz oder Weiß – nur dick müssen sie sein!«

Mein *Bravo*-Horoskop riet mir, mich »mehr auf die Schule zu konzentrieren und [...] Kindereien zu unterlassen.«

Das tat ich denn auch umgehend und spielte mehrere Stunden hingebungsvoll mit meinem *YPS*-Gimmick, einer wunderbar knallroten »Amazonaskröte« aus Wabbelgummi.

Mehr aus Routine ging ich bei meiner Rückkehr in den heimischen Bahnhofskiosk: *Wonnebusen* und *YPS* gab's nicht, die *Bravo* erschien normal und war ausverkauft, nur die *Nationalzeitung* wurde mir unter dem Ladentisch verkauft. Zum Lesen, nicht als Packpapier.

Jede Stadt hat halt die Bahnhofsbuchhandlung, die sie verdient.

Mystifizierung des Erbguts

Can't feel the beating

»Ihr Zaubertrick ist
Coke aus der Flasche trinken:
Mehr drin als vorher!«
(Uli Becker)

Die Zyniker unter meinen Freunden haben gesagt: Was die Belgier mit ihren Kindern und Hühnern machen, ist uns egal – aber bei Cola hört der Spaß auf. Ist zwar nicht richtig und noch weniger *pc*, birgt jedoch auch einen ziemlich wahren Aspekt meines Daseins: *the deep belief in a label*!

Auch ich bin verdammt noch mal ein Markenkind. Das ist nicht schön, aber die richtigen Turnschuhe waren mir immer wichtiger als Marx. Sorry, Karl. Die entscheidenden, die wichtigen Fragen waren für mich nie die nach der wahren Gesellschaftsform, nein, die wirklich existenziellen Entscheidungen betrafen die Bereiche Sport, Sex und Nahrung: »Adidas oder Puma«, »Agnetha oder Anni-Frid« und vor allem »Coca-Cola oder Pepsi«.

Der Fundamentalsatz meines Lebens lautet: Wenn man krank ist, gibt's Salzstangen! Und Coca-Cola!

Die letzte Wahrheit in einer Welt der Wirrniss. Wie oft habe ich eine mittelschwere Magen-Darm-Grippe simuliert, nur um an ein Schlückchen Coca-Cola zu kommen. Und wie schnell war ich wieder gesund, wenn mir die Renate mit Pepsi zu Leibe rückte. (Bis auf den heutigen Tag wundere ich mich, dass meine Homöopathie-gestählte Mutter der braunen Britzelbrause mehr vertraute als den weißen Kügelchen – natürlich nur, wenn es mir wirklich schlecht ging.)

Und nun das: Coca-Cola macht krank! Mein Weltbild stürzt ein. Cola ist doch die Heilung. Soll ich jetzt Pepsi saufen, weil ich Coke trank? Niemals. Pepsi ist falsch und Fake und furchtbar, Pepsi ist Rollschuh-Laufen-Müssen, weil man kein Skateboard hat.

(Nur so viel: *Wir* sind die Skater-Kids! Es war Sommer 1979, als Benni Schnier seinen Hüper-Düper-Erfolgssong in die Charts brachte: »Skateboard uh ah ah / ist der größte Hit ah ah / Skateboard uh ah ah / Komm und fahr mal mit!«)

O Coca-Cola, du Saft meines Seins, wie konnte das alles nur passieren? Wie viele schöne Geschichten ranken sich um dich. Weißt du es noch? Der tumbe Werbespruch der Konkurrenz? »Lebt auf mit der Pepsi-Generation!« Die Chinesen machten in ihrer Übersetzung daraus: »Pepsi bringt eure Vorfahren aus dem Totenreich zurück«. Das will doch niemand. Coca-Cola dagegen bedeutet phonetisch im Chinesischen: »Beiß' in die wächserne Kaulquappe«.

Was auch immer das heißen mag, es ist wunderschön. Du bist einfach alles, Coke! Zwanzig Stück Würfelzucker in einer Dose, welches andere Getränk schafft das schon? Tu mal so viel Zucker in ein Glas Wasser oder Wein, du wirst schon sehen.

Und mehr noch: Coke kann man überall reinkippen, sogar in Bier, schmeckt immer nach Cola, etwas erwachsener vielleicht. Oder Whiskey-Cola, Cola-Rum – was waren das für Räusche! Alles, was ich in diesem Leben gelernt habe, habe ich von Coca-Cola gelernt.

Das war nicht immer richtig, ich gestehe: Im ersten Semester Germanistik, Gedichtinterpretation, Celans *Todesfuge,* ja, ich habe gefrevelt.

»Schwarze Milch der Frühe / wir trinken sie morgens / wir trinken sie mittags ...«

Ich dachte, es sei Cola, wovon der Dichter spricht, entschuldige Paul.

Aber Coca-Cola hat mir halt immer die Welt erklärt. Im Chemieunterricht damals, als unser stramm christ-sozialer Lehrer den legendären Versuch machte: ein Stück Fleisch in die Cola, und binnen Tagesfrist ist es verschwunden. Natürlich verwendete er Coke, das Sinnbild der Marktwirtschaft, und hinein tunkte er ein Häppchen ungarischen Gulaschs, um zu beweisen, wie es um den Kommunismus bestellt ist, in kürzester Zeit zersetzt, vernichtet und aufgegangen im kapitalistischen Getränk. Ich erinnere mich noch genau: Es sah nicht mehr gut aus, das Stück Sozialismus − aber weg war es nicht. So was bleibt hängen − das Leben ist wie Coca-Cola, und Coca-Cola ist das Leben.

Oder auch nicht. Mit Coke, der Papst wird es nicht gerne hören, kann man sogar verhüten, und zwar *nach* dem Poppen! Der Bringer für Pubertierende: Das Zaubergetränk muss hierzu von *ihr* durch eine nicht unbedingt zur Aufnahme größerer Mengen Flüssigkeit gedachte Körperöffnung eingenommen werden − das ist Wissenschaft. Sorry, Leser. (Ich hab's nie probiert damals, meine Cola-geblähte Blase trieb mich derart oft aufs Klo, dass Verhütung nicht wirklich das zentrale Thema war.)

Ach du wirst mir fehlen, du süßes Gesöff! Ja, es war Liebe, und nichts entbehrt der Süchtige schwerer als die Coca-Cola *danach*.

Und als alles vorbei war, warf der Vegetarier seine Coladose achtlos fort.

Wie Sofi? Oder: Bauer für einen Tag
(Meine kleine Farm IV)

Ich persönlich denke, an sich war es eine prima Idee, die totale Sonnenfinsternis in freier Natur zu erleben. Denn die Natur, so hieß es allerorten, reagiert ja besonders sensibel, wenn es auf einmal duster wird mitten am Tag. Da lernt und sieht man am meisten. Der Wind hört auf zu wehen, das Gezwitscher verstummt, die Tiere legen sich hin und schlafen spontan ein und so weiter. Die Frage war natürlich, wo finde ich jetzt ein Stück geeignete Natur?

Anders ausgedrückt: Kommt die Sonnenfinsternis zum Tier oder umgekehrt? Ich meine, ich hätte die Schildkröte, die ich derzeit für meine Eltern zur Pflege hatte, ja mit in die Concorde nehmen und dann dem Jahrhundertereignis hinterherfliegen können. Um zu gucken, wie sie reagiert – die Schildkröte. Wäre gar nicht so unpraktisch gewesen, weil Schildkröten sehr langsam sind, und in der Concorde war ja länger Sonnenfinsternis.

Habe ich aber nicht gemacht, weil sich etwas wesentlich Besseres ergab. Mein Freund Alfons betreibt nämlich einen Biobauernhof in der Nähe von Saarlouis, und dieser Bauernhof lag mitten im Kernschatten. Alfons wollte den Tag der

Tage in der Stadt verbringen, und so erbot ich mich, Haus und Hof für ihn zu hüten und die Sonnenfinsternis in der nahezu idealen Umgebung zu erleben. Ein perfekter Plan!

Als ich meiner Angetrauten davon erzählte, sagte sie bloß: »Du hast doch 'nen Vogel!«

Womit sie nicht ganz falsch lag, weil ich einen Papagei besitze. Also eigentlich ist dieser Papagei Eigentum meiner Wohngemeinschaft, aber ich bin irgendwie zuständig. Und Lora, so heißt das Vieh, konnte ich unmöglich allein lassen und einsam der Dunkelheit aussetzen. Auf der anderen Seite hatte ich aber wenig Lust, das Naturspektakel an Lora zu betrachten, weil Lora nervt. Man nimmt ja gemeinhin an, dass Papageien sprechen können, aber das ist erstunken und erlogen. Papageien können – und auch das ist sprachlich fragwürdig – den Menschen nur *nachäffen*. Und das nervt höllisch, besonders, weil Lora ausschließlich Sprachschrott imitiert. In dem ganzen nostradamischen Trubel fiel in meiner WG beispielsweise der peinliche Satz:

»Bei uns gibt's gar keine geilen Sofi-Events.«

Was Lora dazu veranlasste, ständig »Sofi-Event, Sofi-Event« zu krakeelen (was das Ganze nur noch peinlicher machte).

Wie auch immer, ich packte Papagei und Schildkröte ins Auto und fuhr nach Saarlouis. Alfons zeigte mir alles, Stall, Wiesen, Äcker, seine »1a-Öko-Kuh Gertrud« und verabschiedete sich mit den Worten:

»Sollte echt easy sein. Wenn's allerdings richtig dunkel wird, könnte Gertrud denken, dass es Nacht ist, und Amok laufen. Dann musst du sie melken.«

Na super, bei meiner Melkerfahrung platzt die, und ich verpasse das Naturschauspiel. Toller Plan.

»Sofi-Event!«

»Drecks-Vogel!«

Sorgenvoll führte ich Gertrud um neun Uhr morgens in

den Keller und löschte das Licht, um das spätere Ereignis zu simulieren und wertvolle Zeit zu gewinnen. Als ich dann drei Stunden später immer noch ziemlich pubertär an ihrem Euter herummachte, sagte die Kuh:

»Also, verarschen kann ich mich selber. Wir gehen jetzt schön wieder hoch, sonst verpassen wir noch die Show!«

Draußen goss es in Strömen, und als es aufklarte, habe ich nichts gesehen, weil Gertrud mir meine Schutzbrille weggenommen hatte. »Sofi-Event, Sofi-Event«, schrie Lora in einer Tour, und meine Schildkröte, die ich in letzter Not beobachtete, hat alles verpasst. Ich glaube, sie wäre lieber mit der Concorde geflogen.

Kleiner Ausschnitt aus dem wilden Leben des Rock'n'Roll

Eis mit Stil

>»Es ist wieder Sommer,
Sommer in der Stadt.«
(Spider Murphy Gang)

Wenn es am ersten Mai nicht regnet, wenn der behaarte Exhibitionist nackt und beseelt durch den Park läuft, wenn eindeutig zu viele Männer kurze Hosen tragen und ihre weiß bestrumpften Füße in Sandalen zwängen, wenn die Spielplätze ihr typisch urinales Aroma annehmen, und wenn alle, aber auch alle Frauen sexy sind – dann ist Sommer in der Stadt. Heißt es.

Der Sommerbeginn richtet sich allerdings weniger nach dem Kalender, nach den kurzen, lauen Nächten und den heißen, langen Tagen, als vielmehr nach dem subjektiven Empfinden der Menschen.

Und ich persönlich finde: Es ist Sommer, wenn ich mein erstes Capri gegessen habe. Also mein erstes Capri im Jahr, nicht insgesamt – insgesamt habe ich bestimmt schon einige 10000 verschlungen und im Anschluss den Stiel in seine atomaren Bestandteile zerkaut, um noch den letzten Rest Capri-Saft aus den Holzfasern zu saugen.

Für mich beginnt der Sommer dann, wenn ich schon morgens nach dem Aufwachen Lust auf Eis habe, auf Wassereis genau genommen. Auf Capri. Ich bin kein erklärter Feind von Milcheis, aber ich bin Ketten-Schlecker. Wassereis kann man nonstop lutschen, und nach einem Magnum ist man satt. Und wenn ich erst mal keine Lust mehr auf Eis habe, ist ruckzuck Winter.

Abgesehen davon sehe ich der grassierenden Magnumisierung Deutschlands ohnehin mit Bangen entgegen. Vor zehn Jahren war Magnum der coolste Detektiv ever und sonst nichts. Magnum war der knackigste Arsch der Welt und der einzige Mann dieses Planeten, der straffrei einen Schnauzbart tragen durfte – und heute ist es das erfolgreichste Eis der Republik. Laut der Gesellschaft für Konsumforschung werden die ersten drei Plätze im nationalen Icecream-Ranking von diesen Kalorien-Kolben eingenommen. Mein Gott, Magnum ist kein Eis, sondern ein Mittagessen. Dieser schokogepanzerte Vanilleklumpen wiegt so viel wie zwei Tafeln Schokolade und ist auch ebenso teuer. Ein Volk wie sein Eis! Und der dazugehörige Werbespot, in dem es der adoleszente Lover vorzieht, sein Fünfmarkstück in die Eiscreme-Maschine zu stecken und nicht in den Kondom-Automaten: »Ich und mein Magnum!« Verhütung ist doof. Ich lutsche lieber mein Wiedervereinigungs-Schleckerle!

Langnese prahlte schon vor Jahren damit, dass Magnum das Eisschlecken »salonfähig« gemacht habe. Aber zu welchem Preis? Brauner Bär wurde ausgerottet, und Dolomiti haben sie uns weggenommen. Erst dann konnte Magnum zu dem werden, was es ist: zur traurigen, oralen Befriedigung der Bourgeoisie! Nur zum Sagen: Die versuchte, schon farblich fragwürdige Wiedereinführung von Dolomiti war nichts als Betrug. Farbstoffe muss man schmecken, Waldmeister ist geil! Es gibt kein wahres Bewusstsein im falschen! (Und noch was: Wir brauchten früher kein Magnum als Erotik-Placebo, wenn wir Sex wollten, hatten wir Ed von Schleck. *Nogger dir einen, you sucker!*)

Und komme mir niemand mit Schöller-Eis. Die UFA-Kinos laufen nicht, und das liegt nicht daran, dass die Gebäude hässlicher wären als die Cinemaxxe oder die Filme schlechter – es liegt am Eis. Überhaupt: Menschen, die auf Macao stehen, sind doof, lesen Reader's Digest, schicken Kettenbriefe weiter und malen über ihre »is« kleine Kreise. So sieht's doch aus.

Ice is political! Eis ist eine Frage des Stils, des guten Geschmacks: Du sollst kein Solero lutschen, wenn es Cujamara Split zu kaufen gibt! Du sollst, wenn es schon Milcheis sein muss, wissen, dass mit Mini Milk alles anfing! Und bei jedem Calippo sollst du daran denken, dass es eine Zeit gab, in der wir zufrieden waren, wenn unsere Mütter Orangensaft oder Cola in die Plastikform taten, um es tiefzufrieren. (In diesem Punkt habe ich die Renate geliebt und werde es ewig tun.)

Der Sommer aber, der Sommer beginnt und endet mit Capri, so will es das Gesetz. Und nun sprecht mir nach: *I scream, you scream, we all scream for Icecream!*

Check it out: www.funduz.de

Meine Probleme mit Gott

Ich wuchs auf, ohne mir auch nur ein einziges der großen sinnstiftenden Gedankengebäude anzueignen. Man darf das getrost als Kunststück bezeichnen.

Dass ich aber zwanzig Jahre lang in Süddeutschland lebte und den Katholizismus noch nicht einmal in seinen Ansätzen kapierte, ist nichts weniger als eine erzieherische Meisterleistung meiner Eltern. Eigentlich denke ich, so ein bisschen gläubig hätte ich ruhig werden können, ein guter Christ, um wenigstens irgendwas in der Hand zu haben, das mir den Weg hätte weisen können. In Bayern standen die Chancen dafür an sich ausgesprochen gut, zumal der Eberhard und die Renate ja auch religiös waren – zumindest bis sie esoterisch wurden.

Eine Zeit lang trugen sie den Katholizismus quasi ungefiltert in die K-Gruppe hinein. Marx war ihr Heiland und Gott ihr Guru. Irgendwie brachten sie das zusammen. Ich dagegen habe es einfach nicht geschafft, den rechten Glauben mitzunehmen, obwohl meine Eltern ständig von Gott und Maria und den ganzen Leuten geredet haben – allerdings in dieser Sprache, die ich nicht verstand:

»Hagottsack, Kruzifix, Himmi Kreiz Sakrament, Jessas-Maria-und-Josef, Deifi no a mal, Sackl Zement Halleluja, Hargott Margot, ja pfiati Gott!«

Da bekam ich schon ein etwas komisches Gottesbild in meinen jungen Jahren. Aber ich war noch klein, es konnte nur besser werden, und Möglichkeiten der Erleuchtung gab es reichlich.

Als die Renate das Tischgebet einführte zum Beispiel. Ich weiß nicht, ob sie das aus religiösen Gründen tat oder ob das von ihrem durch ein Fernstudium der Geschichtswissenschaft angeregten gelebten Antifaschismus herrührte. Auf jeden Fall begannen wir irgendwann damit, uns vor jeder Mahlzeit an den Händen zu halten und zu beten. Hochdeutsch und vor allem eingedenk der deutschen Historie: Bonhoeffer. *Von guten Mächten wunderbar geborgen, erwarten wir getrost, was kommen mag, Gott ist mit uns am Abend und am Morgen …* Ich habe Gott für einen Mitesser gehalten. Und angesichts dessen, was er mit uns essen musste, tat er mir Leid. Wie sollte man an jemand glauben, wie sollte man sich von jemandem lenken und leiten lassen, für den man Mitleid empfand? Was ich brauchte, war ein mächtiger Mann, ein Furcht einflößender Gott. Und auch den bekam ich. Ich meine damit jetzt nicht den Kindergottesdienst und die adoleszenten Bibelkreise, die einem das Fürchten in Reinkultur nahe brachten – nein, jeden Tag, wenn ich ins Bett gebracht wurde (ich musste früh zu Bett, stets so gegen Mitternacht), nahm mich der Eberhard auf den Arm, schaukelte mich durch die Gegend und schmetterte immer das gleiche, durchaus christliche Schlaflied: »Guten Abend, gute Nacht.« Da war an Schlaf nicht zu denken.

»Morgen früh, wenn Gott will, wirst du wieder geweckt. MORGEN FRÜH', WENN GOTT WILL, WIRST DU WIEDER GEWECKT.«

Und er schleuderte mich liebevoll in mein von tamilischen Asylbewerberhänden glatt gehobeltes Zedernholz-Ökobett. Ich aber dachte: Was ist, wenn Gott nicht will? Ich tat nächtelang kein Auge zu. Er könnte es ja mal vergessen. Viel zu tun da oben. Und dann, 30 Jahre später, würde sich der Herr im Himmel vor den Kopf schlagen und ausrufen:

»Fuck! Den hätte ich wecken sollen! Gott, wie peinlich!«

Da hatte ich also den ersehnten Schreckensherrscher, weil ich jedoch wider Erwarten jeden Morgen aufwachte, zögerte ich es lang, vielleicht zu lang, hinaus, bedingungslos an ihn zu glauben. Ich wurde älter, ging ohne Lied schlafen, und die Angst ließ nach. Und noch bevor der schulische Religionsunterricht sie hätte reinstallieren können, war's aus mit dem Christentum in unserer Familie.

Die Renate und der Eberhard entdeckten sinnmäßig andere Kulturkreise, was dazu führte, dass sie Gott nicht nur einen guten Mann sein ließen, sondern ihn und seine Sippschaft regelrecht bekämpften. Von nun an hieß es »Religion ist Opium für das Volk«, und meine Eltern bevorzugten andere Drogen. Sie fingen an, seltsame Gewänder in noch seltsameren Farben zu tragen, und wurden esoterisch.

Spaß war das keiner und, Gott zu Ehren, Folgendes ins Stammbuch: Wenn Erziehungsberechtigte spirituell werden, ertränke die Kinder, erspar's ihnen! Ich habe irgendwann aufgehört, die verschiedenen Trips und Sekten mitzuzählen. Nicht nur, dass meine Eltern jeden Käse mitmachten, es überkam sie auch ein missionarischer Eifer, und sie boten ihrerseits Seminare an. Bei uns zu Hause. Was habe ich mich geschämt.

Die ganze Stadt klebten sie mit ihren Werbeplakaten zu. In schmuckem Mitmach-Lila gebatikt, prangte an jeder Straßenlaterne und an jedem Vorfahrtsschild: »Sag du zum ich – mit Eberhard und Renate.«

Meine Fresse, was da alles stattfand. Unsägliche Wiederge-
burts-Workshops – in meinem Kinderzimmer! Da saßen dann
etliche Erleuchtungswillige, von Räucherstäbchenrauch um-
wallt, im Kreis und diskutierten, was sie mal so waren. Und
was sie noch so werden wollten. Vom Tier her. Hey, die waren
volljährig! Immer wieder sprang jemand auf, verdrehte die
Augen und rief:

»Ich weiß es wieder. Ich war einmal ein Fisch! Eine Forel-
le. Echt. Oder ein Barsch? Ein Seepferdchen? Nein, am liebs-
ten ein Delfin.«

Ich glaube, Heinz Sielmann hätte seine helle Freude
gehabt, weil alle Tiere mal drankamen. Der Eberhard und die
Renate, sich ihrer Funktion als Seminarleitende voll bewusst,
ließen nicht ein einziges Lebewesen aus. Sie besaßen so viele
frühere Leben, wie es Tiere gab. Wahlweise waren sie Eich-
hörnchen, Kartoffelkäfer, Schmetterling oder Giraffe. Als sie
schließlich einhellig den Wunsch äußerten, als Frosch wieder
geboren zu werden, stieg ich aus. Ich frage das mal ganz pri-
vat: Ist es sinnvoll für ein Kind, wenn die Eltern ein Frosch
werden wollen? Man hat ein schönes Leben gehabt, stirbt
und kommt als Frosch wieder zur Welt! Man hockt blöd rum,
quakt erbärmlich und fängt Fliegen. Und irgendwann kommt
so ein bescheuerter Greenpeace-Aktivist vorbei und will einen
über die Straße tragen. Also, wenn das nicht demütigend ist,
dann weiß ich auch nicht mehr weiter.

Der einzige Mensch, den ich in diesem Sinn- und Glau-
benswirrwarr um Rat fragen konnte, war meine Großmutter
väterlicherseits. Allein die Bärenmarken-Oma war die größte
Atheistin vor dem Herrn. Einmal jedoch, als ich wieder mal
aufs Heftigste verwirrt bei ihr einlief, nahm sie mich bei der
Hand und sagte:

»Bua, in der Bibel steht, dass Gott der Schöpfer aller Dinge
ist, der Menschen, der Tiere und der Pflanzen. Alles g'schieht

nach seinem Willen, des is' ein perfekter Plan – heißt es. So, und jetza schaust a mal deine Eltern an und was die so treiben. Glaubst du wirklich, Gott hätte das gewollt?«

Nein, wenigstens das leuchtete mir ein. Alsdann kredenzte sie mir einen Kinderkaffee, bestehend aus einem Teil Ovomaltine und zwei Teilen Dosenmilch, und das war Sinn genug.

Wie willst Du mir helfen – in Deinem Zustand?

Corporate identity von Freiburg

Beitrag zur christlichen Verkehrserziehung

Alle paar Monate ist im *Spiegel* zu lesen, wie ich und meine Altersgenossen so drauf sind. Auf der einen Seite gebe ich mir das ganz gerne, man will ja wissen, was einen bewegt. Auf der anderen Seite steht da seit Jahr und Tag dasselbe. Das Hamburger Jugend & Politik-Fanzine attestiert uns nämlich immer ein ausgesprochen diffuses Verhältnis zu den Werten des Christentums. Kann ich unterschreiben. Das hatten zwar meine Eltern schon, und von nichts kommt nichts. Was soll's.

Und zumindest die Kirchen nehmen den *Spiegel* ernst und probieren von Zeit zu Zeit total *trendige* Sachen aus, um ihre Schäfchen ins Trockene, respektive die Kids in die Gotteshäuser zu bringen. Sehr gut zu beobachten ist das auf den evangelischen Kirchentagen – wobei die ohnehin immer ein Erlebnis sind: Nirgendwo sonst findet sich eine solch unglaublich große Ansammlung schlecht angezogener Jung-Menschen in einer Stadt.

(Und nebenbei: Ich persönlich halte es nicht für einen Zufall, dass der offizielle Jugend-Sprech für *Kirchentag* »Kita« lautet.)

Auf jeden Fall sind die Protestanten progressiv und richteten zuletzt vermehrt so genannte »Techno-Messen« aus. Natürlich, Christentum und Rockmusik sind schon oft die ein oder andere unselige Verbindung eingegangen, aber ich war im Rahmen des letzten Kirchentages auf dem bislang größten »Techno-Gottesdienst« und muss sagen, das hatte was: Die Akustik war glänzend, von den Räucherstäbchen wurde man irgendwann genauso lall wie von Extasy, und ich mag das, wenn die Kita-Kinder zu Tausenden von Beats ums Kreuz herumtanzen und fröhlich brüllen:

»Guck mal, da hängt einer von der Kelly-Family. Aber der hat ein abgefahrenes Piercing!« (Und danach ab in die Sakristei zum *Chill-out*.)

Wer will es ihnen verübeln? Sie sind jung, ungläubig und suchen einfach noch nach dem verloren gegangen Sinn ihres Daseins. Was natürlich auch dem *Spiegel* nicht entgangen ist: Weil wir nämlich eine »Generation von Sinn-Suchenden« sind, gehen wir nicht nur »aus Spaß in die Kirche«, sondern pflegen allesamt auch einen »extremen Hang zu Trendsportarten«.

Aber das stimmt nicht! Also ich zum Beispiel sehe überhaupt keinen Sinn in Trendsportarten. Fallschirmspringen! Das ist was für Deppen, mach' mir den Möllemann! Wirklich, Fallschirmspringen, das geht mir nicht in den Kopf. Wie kann man aus einem vollkommen intakten Flugzeug springen? Das stürzt nicht ab, wird nicht entführt – wo ist der Sinn? Allein, für den Sinn sind die Kirchen zuständig, und auch funsportmäßig blieben sie keineswegs untätig. Allerdings kommen hier die spritzigsten Ideen eher von den Katholiken. Während sich der Papst rührend um die ungeborenen Deutschen kümmerte, wartete sein Mannheimer Kollege Pfarrer Frieder Bellm zusammen mit den *Maltesern* mit einer prima Idee für die Lebenden auf: die »Skater-Klingel«.

Inline-Skater pirschen sich nämlich total unchristlich, oft unkontrolliert, vor allem aber leise von hinten an Passanten an, und schon ist's passiert. Zwei Menschen liegen im Staub der Straße, doch während dem einen dank seiner Rüstung wenig passiert, ist der andere oft tot und hat Schürfwunden und blaue Flecken.

Und damit ist jetzt Schluss, denn unlängst startete ein »bundesweites Schellen-Pilotvorhaben«, und das ging so: Inline-Skater kriegen ganz einfach eine »Glocke« um, damit man sie hört, bevor sie einen umnieten.

Das ist nicht erfunden. Die *Malteser* haben gar eine zweiseitige Pressemitteilung verschickt, in der sie ihr »innovatives Anliegen« rühmen, und die katholische Rettungs-Sekte muss es wissen, schließlich flickt sie täglich Inline-Skater und deren Opfer wieder zusammen und weiß, wie gefährlich diese Sportart ist.

Wobei »Zusammenflicken« natürlich das falsche Wort ist, auf Maltesisch heißt das »Fresh-up«: Wenn ein Inline-Skater nämlich aufs Maul fällt, muss man ihm nicht erste Hilfe leisten, sondern ihn ein wenig *up-freshen*. (Sonst versteht er's ja gar nicht, der Inline-Skater. Er hat ja auch keine Knieschoner oder Handgelenkstützen, sondern »Knee-Prots« und »Wrist-Guards« und »Ellbow-Pads« und einen Helm natürlich auch. Ja, *Helm* heißt komischerweise »Helm«.)

Eigentlich sollten sich ja die Fußgänger schützen, aber das wäre vielleicht zu viel verlangt und überdies wenig kleidsam. Und deswegen gibt es ja jetzt die Skater-Glocke zur rechtzeitigen Warnung: Achtung, Kühe mit Panzer! Das ist schon korrekt so: Die, die ohnehin scheiße aussehen, soll man auch hören.

Doch damit nicht genug. Die *Malteser* und der Mannheimer Pfaffe werden gar nicht müde, all die Vorteile ihrer Erfindung aufzuzählen:

»Die Glocke ist indessen, so erste Erfahrungen der Nutzer, auch für weitere Gelegenheiten wie in einer Kneipe nützlich, kann doch so noch schneller ein kühles Getränk, im Sommer sogar vielleicht im Biergarten, bestellt werden.«

Ich für meinen Teil bin ja strikt dagegen, dass man Rollschuhläufern überhaupt was zu trinken gibt, aber die *Malteser* wissen schon, was sie tun. Erst verhökern sie den Skatern Klingeln zwecks der Sicherheit, und dann machen sie sie besoffen, damit doch was passiert. Und dann fahren sie mit ihrem Tatü-tata-Wagen hin und kassieren noch mal für die Up-Freshung. Die haben's einfach raus, die Katholen.

In meiner Stadt halte ich mich aus Sicherheitsgründen meist in den Oberlinden auf, denn in dieser Straße bin ich dank Trambahnschienen und Kopfsteinpflaster schneller als der Inline-Skater. Außerdem befindet sich ebenhier mein momentanes Lieblingsgeschäft, nämlich der *Fachhandel für Senioren, Behinderte und Linkshänder*. Ach, so was gibt es nur in Freiburg!

Stundenlang könnte ich mir die randgruppengerechten Werbesprüche im Schaufenster durchlesen: »Leichter Leben auch für Linkshänder«, »Computerkurse für Senioren und Behinderte in Kleinstgruppen«.

Ich bin mir sicher, dass es hier auch bald Seminare zum richtigen Verhalten bei Skate-Glocken-Klang geben wird, denn die Alten und die Lahmen sind ja die Ersten, die es trifft. Die Christen werden es schon richten. (Und im *Spiegel* wird's dann zu lesen sein.)

Und Gott lebt in Mannheim

>»Hast du etwas Zeit für mich, dann
>singe ich ein Lied für dich.«
>(Nena)

>»Ich will dich nicht mehr sehen, für mich bist du tot.«
>(Xavier-»Nicht-von-dieser-Welt«-Naidoo)

Vorweg: Am neunten Tag schuf Gott nicht den Krieg, sondern die Popmusik. Er gab sie den Menschen zur Zerstreuung, und weil er zwar noch jung, aber dennoch voll Weitsicht war, verfügte er, dass die Sprache der Popmusik das Englische sei. Nur unverbesserlichen Nationen erlaubte er das Singen in der Landessprache, denn er war auch ein gerechter Gott. Als er aber hörte, was die Deutschen musikalisch so trieben, sah er, dass er einen Fehler gemacht hatte. Und in den 80er Jahren zog er sich aus dem Tagesgeschäft vorübergehend zurück.

Ich persönlich gebe offen zu: Ich habe Pop made in German gehört, ja sogar gut gefunden. Als die so genannte Neue Deutsche Welle aufkam, konnte ich nur rudimentär Englisch und fand es ganz prima, endlich mal zu verstehen, was sie da so spielten auf *Bayern 3*. (Ja, damals haben Thomas Gottschalk und Günther Jauch noch im Radio moderiert. Nein, sie waren da schon schlecht.) Darüber hinaus war das mit der Pubertät einhergehende Geil-Finden der NDW ein probater Aufstand gegen meine Erzeuger. Pop soll ja immer etwas mit Eltern-Kinder-Konflikt zu tun haben, aber *Fehlfarben*, *Nena* und *Extrabreit* waren eine echte Zumutung für die Renate, den Eberhard und die von ihnen vergötterte Rockmusik. *But the times they are a-changing* — was dann später als Deutsch-Pop über den Äther floss, war sowohl für meine Eltern als auch für mich schlimm. Habt ihr gehört? Gott sei mein Zeuge: Deutschen Rap habe *ich* nicht gewollt! HABT IHR VERSTANDEN?

»Wir haben verstanden!« Also wenigstens Gerhard Schröder hat das. (Was und wen, blieb im Dunkeln.) Und ich dachte, er sei der Volkswagen-Mann, einer, der redet und nicht zuhört, aber nein: »Wir haben verstanden!« Ich auch. Ford ist das Auto der Neuen Mitte, damit das klar ist, nicht VW oder Opel — der Sponsor der Verlierer.

Aber immerhin wurde ja kürzlich endlich mal wieder ein Krieg gewonnen, und das ist doch auch schon mal was. Das weiß selbst mein Kanzler, und deswegen sagt er es auch:

»Wir wollen die Erfolge der Außenpolitik nun auch im Inneren erreichen.«

Da kommt was auf uns zu. Die chinesische Botschaft in Berlin sollte sich warm anziehen!

Die Serben haben den Krieg übrigens auch gewonnen, sagen sie, aber das stimmt gar nicht, sagen die Amerikaner. Ganz in echt haben nämlich die Amis gesiegt — wie immer. Nein wirklich, Bill Clinton hat es auf *CNN* gesagt:

»Wir haben den Krieg gewonnen.«

Und zwar nicht mit Gewalt, wie manche meinen, sondern »mit Gottes Hilfe«. Dann muss es stimmen.

Das Dumme ist nur, dass den USA die »Hilfe von oben« gar nichts nützt, denn »Amerika wird untergehen«. Jawoll, »Amerika wird untergehen«, sagt zumindest Xavier Naidoo im Interview mit der Zeitschrift *Musikexpress,* und der Kuschel-Nuschel-Rapper muss es wissen, denn er ist in der Hitparade, und nur Gott allein weiß warum. Außerdem ist Xavier erleuchtet:

»Es ist die Botschaft Gottes.«

Andere Menschen, so der »Sänger«, würden nach getaner Arbeit »mit ihrer Freundin ins Bett gehen. Ich bleibe im Wohnzimmer sitzen und lese in der Bibel.« Popstars, die so etwas tun, haben entweder ein Rad ab oder sind wirklich Propheten.

Und in der Heiligen Schrift steht bekanntlich alles.

»Selbst das Automobil ist in der Bibel beschrieben.«

Ich bremse für Christen? Als gläubiger Autofahrer glaubt Naidoo aber auch: »Der Wald stirbt nicht an meinem Benz.« Mensch Xavier, göttlicher Barde, woher weißt du das alles?

»Ich habe mein Wissen. Ich rechne mich als jemanden, dessen Berufung es ist, solche Dinge zu sagen.«

Dann ist es also amtlich, Armageddon is now, und Amerika ist Babylon. Und nicht nur Amerika, der Pop-Prophet kennt da keine Gnade:

»Auch Frankfurt ist Babylon, London und Tokio.« Freiburg auch? Hamburg und München? Himmel – und nur St. Naidoo kann uns retten, aber der will nicht:

»O nein! Ich habe meinen Plan zu erfüllen. Und der ist: Ich will *meine* Stadt voranbringen. Das gelingt mir nur, wenn ich drei Milliarden verdiene, denn so viele Schulden hat Mannheim.«

Mannheim! Scheiße, Xavier, wie kannst du nur so grausam sein?

»Mir ist Gott und danach der Mensch als seine Schöpfung heilig. Und bevor ich irgendwelchen Tieren oder Ausländern Gutes tue, agiere ich lieber für Mannheim.«

Und überall sonst wird Blutvergießen sein. Xavier, der Rapper des Herrn, hart aber heilig, er ist doch von dieser Welt:

»Ich will kein Blutvergießen. Ich setze meine Musik als legale Waffe ein.« Ich weiß nicht, was schlimmer ist.

Verdammt, so sieht er demnach aus, der große Krieg. Die Welt liegt in Trümmern, und Mannheim bleibt stehen – also Spaß wird das keiner. Wer diesen Krieg allerdings letztlich gewinnt, ist noch nicht ganz raus, weil das mit der Apokalypse und der Errettung so seine Sache ist, und auch, weil der Friedensvertrag in der Johannes-Offenbarung doch irgendwie was Jenseitiges hat. Xavier Naidoo aber sagt:

»Es ist haargenau meine aktuelle Umwelt, die Johannes beschreibt.«

Wusste ich's doch: Die Apokalypse sieht aus wie ein Frankfurter Rap-Label, und Gott lebt in Mannheim.

Nachtrag: Mittlerweile hat Xavier Naidoo einen *MTV-Award* erhalten, direkt nach der Veröffentlichung seines Songs *Armageddon* bebte, wie angekündigt, in der Türkei die Erde, und interviewen lässt sich der Rapper nur noch vom *Spiegel*:

»Gott hat mir Talent gegeben, damit ich über ihn und die Bibel singe.«

Gott ist weder gerecht noch tot. Er wird langsam alt.

Der Guido in mir – ein Splatter-Movie

In Baden-Württemberg gibt es einen jungen Mann, etwa meinen Alters. Er heißt Christoph Glück und versucht seit geraumer Zeit, für die FDP in irgendein Gremium zu kommen. Ohne Erfolg bislang. Das Schlimme daran ist, dass er mir ähnlich sieht. Nicht zum Verwechseln, aber es reicht, dass es alle merken. Vor allem ich. Schön ist das nicht: Bei den Wahlen zum Europaparlament, zum Landtag und zuletzt zum Stadtrat hing auf den Straßen mein Spiegelbild rum. Meine Visage – an jedem Verkehrsschild.

Gut, dass meine Eltern in Bayern leben und das nicht mit ansehen müssen. Sie würden sich vor Scham nicht mehr aus dem Haus trauen. Ihr Sohn bei den Liberalen! Erschwerend kommt dazu, dass Christoph Glücks Wahlslogans die schlechtesten Wortspiele beinhalten, die die Welt je gesehen hat. »Glück müsste man haben«, zum Beispiel. Fatal daran ist nur: *Ich* schäme mich dafür.

Auf einem anderen Plakat hieß es: »Mehr Tiebra durch Gnudlib!« Mit dem erläuternden Hinweis, man müsse sich das »glückwärts denken«. Und ich habe das auch noch gemacht, »Mehr Tiebra durch Gnudlib!« *glückwärts*: »Mehr

Arbeit durch Bildung«, eigentlich natürlich »Rehm Arbeit hcrud Bildung« – hahaha. Ich war tagelang rot vor Scham. Und irgendwie kriege ich das nicht mehr los, ich weiß, dass das nur mittelbar mit Christoph Glück zu tun hat, aber seit einiger Zeit habe ich den schlimmsten Alptraum, den man sich vorstellen kann:

Ich bin FDP-Mitglied, schlimmer noch, FDP-Funktionär. Es ist furchtbar, weil ich ganz schlimme Sachen mache. Zuerst fand ich mich im Traum auf dem Parteitag der FDP wieder, trug ein blau-weiß gestreiftes Hemd, Krawatte und einen gelben Pullunder. Und ich wählte Wolfgang Gerhard zum Parteichef.

Später hatte ich dann einen Schnurrbart und ein peinliches schwarzes Minikleid an, ich hing an einem Fallschirm und landete *auf Schalke*. Dort zeigte ich »Rot-Grün die Gelbe Karte«, und die Zuschauer skandierten frenetisch »Möllemann-Jochimsen-Möllemann«. Merkt denn keiner was? Aus den Stadionlautsprechern tönte *I will survive*, und ich tanzte dazu!

Dann sitze ich plötzlich adrett seitengescheitelt in meinem geleasten Golf GTI und fahre zum Jahreskongress armutsgefährdeter Zahnärzte und erkläre, ohne rot zu werden, warum die Neuregelung der 630-Mark-Jobs uncool ist. Überhaupt: Was ich so sage, ist das Beschämendste. Zurück auf dem Parteitag der Liberalen stelle ich mit markiger Stimme klar, dass der Kosovo-Krieg klasse ist.

»Bodentruppen lehne ich aber ab, meine Damen und Herren. Abgesehen davon hätte man Russland viel früher in die Verhandlungen mit einbeziehen müssen!«

So ein Schwachsinn – ich bin doch in der FDP!

Mein Gott, ich weiß schon gar nicht mehr, was wahr ist und was Realität. Regelmäßig wache ich schweißgebadet auf und frage:

»Liebling, habe ich einen Schnauzer?«

Und sie tröstet mich und meint: »Es war nur ein Traum, Dickerchen. Sag' mal, sollen wir nicht heiraten? Ich hätte gern einen Doppelnamen.«

»Schatz, klar. Heute ist aber schlecht, ich möchte lieber meine Steuererklärung machen«, und dann gehe ich online und notiere die Aktienkurse.

Wer bin ich, woher komme ich und wohin gehe ich, wo liegt der Sinn meines politischen Lebens? Egal, Hauptsache ich schaffe die Fünf-Prozent-Hürde und reite auf der Westerwelle an die Macht. Himmel hilf, was rede ich denn da?

»Ich will weder nach links noch nach rechts, ich will nach vorne!«

Was für eine Scheiße. Alles ist auf einmal so komisch: Ich rasiere mich täglich. Dabei füge ich mir absichtlich tiefe Schnitte mit der Rasierklinge zu, im ganzen Gesicht, nur um irgendwann so auszusehen wie mein großes Idol. Ich spiele sogar mit dem Gedanken, mir wie Guido Westerwelle einen weißen Anzug zu kaufen und mit dem *SZ-Magazin* um meine Homosexualität herumzureden – in Venedig.

Noch für die kürzesten Distanzen nehme ich inzwischen den Flieger, und ich sage das auch so: »Ich nehme den *Flieger*.« Wahrscheinlich bin ich besessen.

Neulich platzte mir auf einem Flug der Bauch auf, und zum Vorschein kam ein dauergrinsendes, blutverschmiertes Etwas und krähte:

»Glück müsste man haben. Hallo, ich bin der Guido.«

Sigourney Weaver aber sah aus wie Hildegard Hamm-Brücher, legte ihr Pumpgun zur Seite und sagte:

»Braves Alien, du bist ein braves Alien!«

Ich sollte mich behandeln lassen, nur geht das leider nicht, weil mein Seelenklempner die Zulassung verloren hat – durch *mein* beknacktes Psychotherapeuten-Gesetz.

»Gott im Himmel, was soll ich nur tun?«

Der liebe Gott ist sehr alt, er hat weit abstehende Ohren und antwortet mit nasaler Stimme:

»Fang doch an, von den GRÜNEN zu träumen.«

Nein – alles bloß das nicht!

Und dann wache ich auf. Es ist Herbst, ich bin ein einsamer Student und überlege, ob ein Masseneintritt in die FDP nicht eine prima Form des politischen Protestes ist. Sack und Asche, denke ich, zehn Prozent wählen die mittlerweile wieder. So viele schwule Zahnärzte gibt's doch gar nicht!

Dann schlafe ich wieder ein und träume. Ich renne durch die Straßen und brülle »Mehr Tiebra durch Gnudlib« – und keiner lacht.

Es wird cool in Deutschland

> »Unsere Spieler sind keine Sozialfälle.
> Es gibt größere Probleme auf der Welt,
> gerade vor Weihnachten.«
> (Uli Hoeness)

In der stillen Zeit läutete es an meiner Tür, und draußen standen fünf Kinder aus der Nachbarschaft. Sie sahen zum Fürchten aus: dick vermummt in schwarze Kapuzenpullis, die gepiercten Nasen frostgerötet, die frierenden Hände tief vergraben in den Taschen ihrer Markenhosen.

Irgendwie sahen sie aus wie eine Boy-Group, die gerne ganz arg böse wäre, aber nicht einmal mehr von *Viva* ernst genommen wird.

»Hallo! Kann ich euch helfen?«, fragte ich, und siehe da, ich hatte Recht mit meiner Assoziation vom versprengten Boy-Grüppchen.

»Ja. Cool«, antwortete einer und schob als Erklärung nach:

»Hi, wir sind die Sternsinger. Und wir wollen keine Mandarinen, wir wollen Geld!«

Sofort gab ich ihnen zehn Mark – aus Mitleid, aber auch, damit sie nicht singen. Der Anführer sagte: »Cool«, was wohl so viel heißen sollte wie »danke«, er nahm das Geld, und weg waren sie. Ohne zu singen.

Diese kleine Begebenheit hat mich aus zweierlei Gründen nachdenklich gemacht. Der erste: Ich verstehe die Jugend nicht. Das kann doch eigentlich gar nicht sein. So viel jünger als ich sind die gar nicht, und doch kapiere ich sie nicht. Ich habe Schwierigkeiten mit ihrem Slang, ihrer Musik, ihren Computerspielen. Vielleicht werde ich alt oder schlimmer noch – erwachsen. Zugegeben, ich sah als *Teen*, wie man damals sagte, weiß Gott nicht gut aus, aber die heutige Mode geht mir nicht in den Kopf. Anglerhüte als Fashion-Diktat – was soll das?

»Kumpel, lass uns Fischen gehen!«

Das sieht doch scheiße aus. Mode hat mit *Retro* zu tun, schon klar, aber die Rückkehr dieser Kappen kann doch niemand ernsthaft gewollt haben. Ich bin kein Verschwörungstheoretiker, aber was Kleidung angeht, bin ich mir sicher, dass sich die Designer ab und an einen Spaß erlauben. Zum Beispiel mit den tiefergelegten Jeans, das war doch eine verlorene Wette oder so was. Aber die Kids ziehen das an. Hosen auf Halbmast – warum, wieso, weshalb? Was sich bietet, ist das Bild einer rebellischen Jugend, die zugleich famos die Straßen fegt. Und ich denke: Ja, ich habe einen – und jetzt sage ich es doch – *Generationskonflikt* mit meiner eigenen Generation!

Der zweite Grund, warum mir die Sternsinger-Episode so nachhaltig im Gedächtnis blieb, wiegt ohnehin schwerer: Sind die Kids tatsächlich arm? Kein 18-jähriger zieht doch freiwillig für ein paar Groschen um die Häuser. Sollten die Unkenrufe von der neuen Armut doch berechtigt sein? Selbst Oda Gebbine Holze-Stäblein hat es gesagt. Oda Gebbine Holze-Stäblein heißt nicht nur toll, sondern ist auch meine Lieblings-*Wort-am-Sonntag*-Sprecherin. Und sie hat im Fernsehen gesagt:

»Es wird kühl in Deutschland.«

(Uns geht es nämlich auch schlecht, nicht nur den Menschen in der Dritten Welt. Und so gilt es, nicht nur Brot für die Welt zu unterstützen, sondern vor allem auch Straßenkinder in Wiesbaden. Wenn die Kassen leerer werden, muss man schon darauf achten, dass das Spendengeld hier bleibt. Gutes tun im eigenen Land, sonst frisst der Kapitalismus am Ende unsere Kinder. Das wäre ja noch schöner.)

Ich bin mir sicher, dass die Kids nicht am Hungertuch nagen, aber der Lebensstil ist teuer, und irgendwie muss man ja sehen, wo man bleibt. Und Sterngesinge scheint doch noch cooler zu sein als ein Raubüberfall – und kreativer. Überhaupt: Der Unternehmergeist, welchen die Jugend an den Tag legt, gefällt mir schon. Unlängst sah ich einen definitiv noch pubertierenden Jung-Bettler in voller Markenkluft. Er hatte seinen Anglerhut vor sich auf dem Boden, nebst eines Zettels, auf dem geschrieben stand:

»Haste mal 'ne Mark sechzehn? Spenden sie mir. Jetzt noch ärmer!«

Daneben lag ein Block mit Spendenquittungen. Ich gab reichlich. Eventuell ist das ja mein Weg, auf die zuzugehen, die da nachfolgen.

Am zweiten Advent besuchte mich übrigens ein deutlich älterer Armutsaktivist. Er bot mir gegen Geld drei verschiedene Fernsehzeitschriften an und erzählte kostenlos seine Geschichte. Er bräuchte die Kohle nämlich deswegen, weil sein Sohn die ganze Familie in den Ruin gestürzt hätte – durch exzessives Nutzen eines Billig-Handys.

Es sind schon verdammt harte Zeiten. Ich sagte ihm, dass der Filius letzte Woche schon da gewesen sei, um mir etwas vorzusingen. Trotzdem kaufte ich ihm die TV-Zeitschriften ab, alle drei.

Denn in Deutschland verhungern Kinder – vor dem Fernseher!

Ohne das Aufkommen dieser Zeltlinge wäre so etwas wie die Neue Mitte nicht möglich gewesen.

Draußen vom Walde komm' ich her

Auch wenn es draußen Ende November, garstig und unsexy ist, es gibt Stellenanzeigen, auf die muss ich mich einfach bewerben:

»Sie wollen in nur drei Tagen 1000 Mark verdienen und arbeiten gerne mit Kindern? Sie besitzen schauspielerische Fähigkeiten und haben ein Handy? Dann rufen Sie an!«

Obwohl mir nicht ganz klar war, warum man kein normales Telefon benutzen sollte, tat ich, wie mir geheißen, und landete bei einem mittelgroßen Betrieb mit obligatorisch angelsächsischen Namen. Eine mechanische Stimme sagte: »Firma für Events aller Art, Sie werden gleich verbunden.«

Und schon befand ich mich in der Warteschleife. Auf der rieselte der Schnee, leise zwar, aber dafür lange. Nach zehn Minuten durfte ich dann endlich mein Anliegen vortragen:

»Hallo, hier spricht Jess Jochimsen, es geht um ihre Annonce, die mit dem Handy. Sagen Sie, was muss ich da eigentlich machen?«

»Na, Sie sind gut, den Nikolaus natürlich«, bekam ich zur Antwort. DEN NIKOLAUS, sonnenklar, deswegen ja auch das Handy!

»Haben Sie ein Fax?«, fragte die Dame.

»Selbstredend, ich habe alles, was man als moderner Nikolaus so braucht.«

Und siehe da, keine zehn Minuten später ratterte meine Bestätigung aus dem Faxgerät. Ich hatte den Job. Schwarz auf Weiß:

»Herr Jens Joachim. Gebucht als Event-Performer vom 5. – 7. Dezember. Coaching: 4.12., 16 Uhr.«

Wow! Unter diesen Umständen vergaß ich sogar, mich über die falsche Schreibweise meines Namens aufzuregen. Hey – ich war kein *Old School Nikolaus*, sondern ein *fancy Event-Performer*, und als solcher würde ich eine Schweinekohle machen.

Ich gebe gerne zu, dass ich etwas aufgeregt war. Weniger, weil ich mir die Arbeit nicht zugetraut hätte, sondern eher, weil ich als Kind dem Nikolaus nie leibhaftig begegnet bin. Wenn meine Eltern etwas taten, dann taten sie es gründlich. Der Eberhard und die Renate hatten eine schwarze Liste mit unerwünschten Personen des kapitalistischen Brauchtums christlichen Ursprungs – und der Weihnachtsmann, das Christkind und der Nikolaus waren die *Top three* auf dieser Liste. Doch wozu gab es die Schulung!

Bestens gelaunt erschien ich zu ebendieser, zusammen mit sechzig anderen. Ein leicht elitäres Glücksgefühl beschlich mich. Wir waren die Auserwählten, *die* Nikoläuse der Stadt, junge, eventmäßig hochmotivierte Segensbringer. Einer raunte mir zu:

»Ich bin Weihnachtsmann-Anwärter, ab nächstem Jahr ist Schluss mit Außendienst.«

Mir wurde etwas mulmig, aber da erschien auch schon unser Performance-Coach:

»Okay, Leute«, sagte er, »Kutten, Caps und Stiefel gibt's gleich. Erst mal kriegt ihr eure Telefonlisten. Ist total easy.

Wenn ihr auf Tour seid, ruft ihr per Handy immer kurz vorher bei den Eltern an, checkt aus, wie ihr an die Geschenke und die Infos über die Kids kommt, dann kreuzt ihr da auf und zieht das Ding zügig durch. Alles roger?«

Zaghaft meldete ich mich: »Und was sollen wir sagen?«

»Irgendeinen Spruch, dass die Kids brav sein sollen halt«, sagte mein Nikolaus-Instructor, »was gut kommt, ist ein kleiner Rap: Yeah, ich bin der Nikolaus / und hol' gleich meine Rute raus / bumm tschacka bumm.«

Vereinzeltes Gelächter. Na großartig, dachte ich, wenn wir so auftreten, rappen die Kinder spontan zurück: »Yo man, vom Walde kommst du her / und ich muss dir sagen: Fuck you, yeah!«

Unser Coach schloss seine Ausführungen damit, dass wir uns nun stadtteilmäßig aufzuteilen hätten. Der Weihnachtsmann-Anwärter brüllte: »Ohne Knecht Ruprecht gehe ich nicht noch mal in die Vorstadt!«

Und ich bereute den Job jetzt schon. Trotzdem werde ich erzählen, wie's lief.

Eher peinlich bekleidet und mit einem Haufen Watte im Gesicht, den Bart mussten wir uns aus hygienischen Gründen selber basteln, stapfte ich los. Mein »Performance-Bereich« war ein Altbau-Viertel und Mario F. in der Hildastraße mein erstes »Zielobjekt«. Von Mama F. per Handy instruiert, Mario solle doch weniger fernsehen und – Altbau bleibt eben Altbau – doch bitte mehr lesen, erschien ich pünktlich. Das Geschenk war im Treppenhaus hinterlegt, zwei Mandarinen und ein verpacktes Buch, da würde sich der Bub aber freuen. Ich trat in den Flur, und Frau F. rief:

»Mario, kommst du mal, da ist ein fremder Mann, ich glaube, das ist der Nikolaus.«

Von irgendwoher krakeelte Mario: »Der soll später wiederkommen!«

Ich räusperte mich: »Draußen vom Walde komm' ich her.«

»Halt's Maul, ich bin gerade auf Level acht«, rief Mario.

»Würdest du jetzt bitte den Computer sein lassen«, brüllte Frau F., und zu mir sagte sie: »Und Sie, Herr Joachim, ziehen bitte die Stiefel aus.«

Ich fühlte mich meiner Autorität doch etwas beraubt, und Mario kam.

»Guck mal, Mario, was dir der Nikolaus mitgebracht hat.« Ich zückte das Buch.

»Wenn er das neue Tomb Raider nicht dabei hat, kann er sich gleich verpissen«, sagte Mario.

»Aber Mario, hör mal.«

»Sie halten sich da raus«, sagte Frau F., »und du, Mario, nimmst jetzt das Buch und freust dich gefälligst.«

»Ich soll von Fremden nichts nehmen«, heulte Mario.

Nun wurde ich laut: »Wenn du nicht augenblicklich brav bist ...«

»Schreien Sie mein Kind nicht an«, schrie Frau F.

»Hey – ich bin der Nikolaus!«

»Ja, und ich bin der Weihnachtsmann, du Arschloch!«, brüllte Mario.

»Freundchen«, entgegnete ich wutentbrannt und war kurz davor, dem Kleinen eine zu schallern.

»Trau dich doch, trau dich doch«, provozierte das Altbau-Balg, und ich besann mich:

»FREUNDCHEN – deine Mama hat Krebs, und außerdem bist du adoptiert! Hier – da hast du dein beknacktes Harry-Potter-Kinder-Blöd-Buch. Und tschüss.«

Ich ging. Es war kalt in der Hildastraße, so ohne Stiefel. Aber zum Glück hat der Nikolaus ja ein Handy. Ich rief die Firma an:

»Hören Sie mir gut zu. Performer Joachim kündigt fristlos.«

Einigen Kindern ist der Nikolaus letztes Jahr erspart geblieben, und so es einen Jens Joachim gibt im Einzugsbereich der Telekom, dann hat er jetzt ein paar Probleme. Recht geschieht ihm.

Die Anforderungen an Nikoläuse sind in den letzten Jahren deutlich gestiegen.

Dieser Satz !!! leidet an vorzeitigen Ausrufezeichen.

Mit Kassandra ins neue Jahrtausend

>»Apokalüpse NAU!«
>(Rui Zink)

Nur für die Klugschwätzerfraktion: Ich weiß, dass der Jahrtausendwechsel »eigentlich erst 2000 auf 2001 stattfindet«. Trotzdem war ich regelrecht infiziert vom Millennium-Virus des Jahres 1999. Ich wollte eine rauschende Ballnacht, eine ultimative Party, das Abenteuer meines Lebens. *Fuck the Bug – and dance the night away!* In etwa diese Kiste.

Dementsprechend enttäuscht war ich, als meine WG beschloss, sich dem bundesdeutschen Trend anzuschließen und das Silvesterfest »daheim im kleinen Kreise« zu begehen, mit »lecker Essen und Spielen und so«. Hätte ich ja gleich mit meinen Eltern feiern können, das wäre alle Mal fetziger gewesen. (Aber der Eberhard und die Renate zogen es vor, nach Lanzarote, Gomera oder irgendein anderes Alt-Hippie-Domizil zu fliegen. Wer hat das eigentlich eingefädelt, dass die 68er heute so viel Kohle haben?)

Noch viel weniger begeistert war ich dann, als mir meine Angetraute eröffnete, wir würden den Jahreswechsel auch noch gemeinsam mit ihrer Freundin Kassandra begehen. Kassandra ist eine waldorf-gestählte Hardcore-Astrologin aus dem Schwäbischen, die irgendwo im Schweizer Hinterland auf einem Biobauernhof lebt und gestressten Managern das Geld aus der Tasche zieht. Aber auch Kassandra brauche Erholung, so meine bessere Hälfte, und die gedenke sie über Neujahr bei uns zu finden. (Ein Unglück kommt selten allein und: *Family rules!*)

Also umwehte am 31. Dezember der Schleier der Spiritualität meine Wohngemeinschaft. Kassandra sah bestens erholt aus, sie erschien wie erwartet im wallenden Gewand, brachte tonnenweise unökologische Schokolade mit und prophezeite schon bei ihrer Ankunft lachend, dass sie uns um Mitternacht die Zukunft weissagen werde.

Ich selber hielt es mit der *Schweizer Volkskunde von 1911*, welche besagt, dass wer in der Silvesternacht um zwölf zwölf große Bier trinke, das ganze Jahr glücklich sei. Genau genommen war ich um zehn schon selig und optimal vorbereitet auf das, was da kommen sollte. Nachdem das Menü verzehrt war, warteten alle gebannt auf Kassandras sterngezeichnete Weissagungen.

Zuerst waren die Frauen dran, und die schwäbisch-schweizerische Wahrsagerin machte ihrem Namen alle Ehre. Der ebenfalls mitfeiernden Krankenschwester attestierte Kassandra ein manifestes Helfersyndrom, dass sie überdies eine beleidigte Leberwurst, ein »typischer Fisch« und eigentlich lesbisch sei. Trotzdem brächte das kommende Jahr viel Neues. Meiner Mitbewohnerin Marion, an sich eine Seele von einem Skorpion, erging es nicht viel besser: Rastlos sei sie und von heimtückischem Wesen, aber auch sie erwarte Neues, was in ihrem Fall (»Pluto!«) wohl eine bevorstehende Trennung wäre, zumal ihr Lover ja eh Widder sei und lieber das Positive im Leben sähe.

Heulend blickte Marion zu ihrem Widder, doch ihr zukünftiger Ex-Freund hatte nur noch Augen für Kassandra. Die Seherin zwinkerte ihm zu und sagte:

»Widder handeln erst und denken später. Leider wirst du im kommenden Jahrhundert sterben, es sei denn, du tust in unmittelbarer Zukunft etwas völlig Unerwartetes.«

Meine Liebste bekam noch zu hören, dass sie demnächst durchaus auch Neues erleben könne, dass sie aber eine schlechte Gastgeberin und unverbesserliche Jungfrau sei und sich dies auch nicht mehr ändern werde. Dann verschwand Kassandra mit dem Widder im Gästezimmer.

An mir ging der Kelch vorüber, aber Krebs ist ja ohnehin das beste Sternzeichen, und auf den Zuckerpäckchen sind selbst die schlechten Eigenschaften klasse. Im *Brigitte*-Jahreshoroskop, das ich vorsorglich bereitgelegt hatte, fand ich, dass Krebs und Jungfrau »viel Neues zu erwarten« hätten und dass sie sich »in der Liebe total hingeben«. So war es denn auch.

Ebenso hingeben musste sich – das hörte man im ganzen Haus – der Widder, aber wer stirbt schon gern.

Marion, das sei noch erwähnt, ließ sich bis am frühen Neujahrsmorgen von der Krankenschwester trösten, und die beiden hatten überdies viel Spaß miteinander. Und da sage noch mal einer, Horoskope lügen. Das nächste Jahrtausend wird prima!

Alles in allem ein heiterer Abend

Reden ist silber

> »Mitunter kann man den Eindruck bekommen, man bräuchte
> nur einmal vor die Tür zu gehen, und schon geriete man
> in den machtvollen Strudel des Lebens.
> Aber das stimmt gar nicht.
> Es reicht bereits, das Telefon abzunehmen.«
> (Thorsten Krämer)

Nach einer mehrmonatigen Funkstille rief ich Anfang des Jahres, mehr aus Verlegenheit, meine frühere Freundin Sabine an. Sie war nicht zu Hause, aber ihr Spruch auf dem Anrufbeantworter rechtfertigte das Einschlafen unserer Beziehung bis in alle Ewigkeit. Es knackte in der Leitung, und dann sagte sie mit blechernder Stimme:

»Ich wünsche dir ein gutes neues Jahr, / doch die Sabine ist nicht da. / Die ist weg, o weh o weh, / sprich ihr doch was Nettes auf den AB.«

Natürlich legte ich sofort auf, was willste da denn auch antworten? Zurückreimen?

»Sabine ich sag's ungeschminkt: / Ich will dich nicht, dein Versmaß hinkt.«

Nur der Erwähnung halber: Sabine ist ein durch und durch unlyrischer Typ, und jetzt bedichtet sie ihren AB! Allein diese Abkürzung macht mich krank, Ah-Be. (»Seit ich den neuen AB habe, fühle ich mich viel sicherer, gerade wenn ich weggehe.«)

ANRUFBEANTWORTER! Sie sollten der Kommunikation dienen und nicht dem Ausleben so genannter Kreativität.

Wenn jemand schon nicht da ist, möchte ich, dass sich seine Maschine gefälligst dafür entschuldigt und höflich um eine Nachricht fleht. Und zwar hurtig!

Warum nicht einfach den Namen aufsagen und Piep? Aber nein, diese kleinen koreanischen Sprechknechte scheinen jedermann zu einer möglichst individuellen Hinterlassenschaft zu zwingen.

Wie hasse ich es, jemanden anzurufen, und dann muss ich erst mal fünf Minuten lang dem Lieblingshit meines gewünschten Gesprächspartners lauschen, bevor ich ihm endlich mitteilen darf, dass er schon immer einen beschissenen Musikgeschmack hatte.

Genauso schlimm sind natürlich auch die ganz kurzen Ansagen derjenigen Menschen, die die Zeit noch erlebt haben, als die Einbrecher immer kurz angerufen haben, bevor sie kamen. Bei diesen Menschen hört man auf dem Band genau die Nummer, die man gerade gewählt hat, und schon soll man was aufsagen. Meistens sagt man dann jedoch nichts, weil man sich nämlich gar nicht mehr so sicher ist, ob es wirklich die richtige Nummer war.

Meine Freunde halten den Anrufbeantworter ja für *out*, für eine veraltete Technologie, und trotzdem haben sie alle einen. Und zwar nur, um mich von den neuen Medien in Kenntnis zu setzen:

»Sie können mir unter derselben Nummer auch ein Fax schicken. Und zur Sicherheit gebe ich Ihnen noch meine E-Mail-Adresse, meine Handy-Nummer, meine Bankverbindung und meinen Mitglieds-Code im Club der @rschnasen. dot.com.«

Ich habe es mir angewöhnt, diese Kommunikations-Junkies, die ja doch auf den Anrufbeantworter nicht verzichten können, mit einem telefonischen Weckruf zu beglücken. Dann sollen die Maschinen das untereinander klären.

Am schlimmsten aber sind und bleiben die wie auch immer witzigen Ansagetexte. Ein für alle Mal, wenn ich jemanden anrufe – und sei es aus den niedrigsten Beweggründen meine Ex-Freundin Sabine –, will ich überhaupt nicht wissen, dass sie »hihihi ausgeflogen« ist, das merke ich eh, wenn die Maschine rangeht. Angefangen hat dieses ganze Theater, glaube ich, mit dem Kinofilm *Der bewegte Mann*. Keine Ahnung, wie viele meiner Bekannten diesen schrecklichen Max-Raabe-Song auf Band bannten:

»Kein Schwein ruft mich an, keine Sau interessiert sich für mich.« Wird schon seine Gründe haben. Mittlerweile gibt es in Plattenläden (!) nicht nur dieses Lied in der »AB-Version« (!!), sondern auch mehrere, von drittklassigen Parodisten besprochene CDs, auf denen ausschließlich »witzige AB-Sprüche von Prominenten« (!!!) enthalten sind. Menschen, die so etwas kaufen, sind definitiv eine Gefahr für die Gesellschaft, die sind zu ganz furchtbaren Dingen fähig, das weiß ich, und es soll mir später keiner kommen und sagen: »Mein Gott, das konnte doch niemand ahnen. Er war ganz normal und hatte immer so lustige Sprüche auf seinem Anrufbeantworter.«

Ich habe gewarnt. Wahrscheinlich muss ich mir deswegen zur Strafe gegenwärtig oft die Ansagen dreijähriger Söhne anhören, wenn ich meine Freunde anrufe, und das dauert oft eine halbe Stunde bis die Kleinen mühsam die Namen der Familienmitglieder heruntergestottert haben. Die Eltern sind wahrscheinlich stolz, »seht her, wie toll er schon reden kann«, mir jedoch fällt dann meistens nichts weiter ein als: Bringt das Kind zum Logopäden, bevor es zu spät ist – und das sage ich dann auch.

Zugegeben: Auch ich habe schon mal telekommunikativ gewitzelt, aber das sollte sich zügig geben. Ich erinnere mich noch genau, dass ich beim Kauf meines eigenen Anrufbeantworters sehr lachen musste. In der Bedienungsanleitung fand sich ein Beispiel für einen auch als solchen angekündigten »witzigen Ansagetext«. Er lautete:

»Hallo. Hier spricht Jochen Müller aus Hamburg. Wenn ich gewusst hätte, dass du anrufst, wäre ich natürlich zu Hause geblieben.«

Ich weiß nicht, wie viele Münchner, Kölner, Berliner und Bottropper den Satz »Hallo. Hier spricht Jochen Müller aus Hamburg« aufsagten, was ich jedoch weiß, ist, dass die Realität der Ansagetexte jedwede Bedienungsanleitungstheorie in den Schatten stellt.

Wenn schon kreativ – und der ist für dich, Sabine –, dann will ich endlich Ansagen hören wie diese:

»Hallo. Sympathische Anrufbeantworter aus Asien wollen dich verwöhnen. Nach dem Peep.«

Männer's Gesundheit

Ich bin mir nicht sicher, ob es ein wirklich gutes Zeichen ist, wenn man von der Ex-Freundin das Probe-Abonnement eines Männermagazines geschenkt bekommt.

Und weil Ex-Freundinnen immer etwas im Schilde führen, handelte es sich bei besagtem Magazin-Present nicht um eine Onaniervorlage, sondern um zwei deutsche Ausgaben der Zeitschrift *Men's Health*.

Na großartig! Lektüre, wie für mich geschaffen: California-Dreamboys auf dem Cover und eine Themenpalette, die von »Fitness für Einsteiger« über »Mein erster Marathon« bis zu »Waschbrett-Bauch: So schafft es jeder« reicht. Ich hätte mich schon sehr täuschen müssen, wenn sich Sabine auf einmal um meine Gesundheit sorgte, Ex-Freundinnen sind subtiler: Sie hätte, so raunte sie mir zu, redaktionell an den »Erotik-Specials« mitgearbeitet. Bis hierher ganz lustig, denn dank ihres Dialekts klang diese Sparte nach »Errodig Schpeschels« und hörte sich wenig verfänglich an. Dann aber erklärte mir Sabine ihre »redaktionelle Mitarbeit«: Für das März-Heft von *Men's Health* hätte sie Erotiktipps und ein »Sex-Diplom« erstellt und für die April-Ausgabe einen Kerl im Bett getestet.

»Klingt ja mordsspannend«, witzelte ich.

»Na ja, ist allerdings schon 'ne Weile her«, sagte sie, »aber ich hab's verallgemeinert, und der Name ist auch geändert.«

»Du hast was?«, schrie ich fassungslos.

»Auf irgendwelche Erfahrungen musste ich ja zurückgreifen.«

O mein Gott, das war es also, mein Liebesleben schwarz auf weiß! Die Höchststrafe: Ich war der sex-getestete Mann in *Men's Health 4/99*!

Nur mal nebenbei gefragt: Reicht es nicht, dass mich meine Eltern jahrelang mit ihrem Querfeldein-Gepoppe traktierten? Dass sie »es taten, mit wem auch immer, auf den Sperma-glitschigen Korridoren der besetzten Universitäten?« (O-Ton Renate) Und dass sie zudem – was das Schlimmste ist – in Tausenden von Büchern und Artikeln die Vorzüge der freien Liebe priesen?

Nein, es reicht nicht. »Make love – ned woahr!« (O-Ton Eberhard) Und rede auch noch möglichst oft darüber. *History will teach us nothing.* Wenn es eine Lehre aus der Geschichte gibt, dann lautet sie auch: in Würde ficken! Und mit »Würde« meine ich eine gewisse Verschwiegenheit. Aber nein – denn wozu gibt es *Men's Health*, die *Brigitte* für den Mann?

Ich gebe zu, dass ich es in Erwägung zog, Sabine ob ihrer Niedertracht spontan zu töten und anschließend die gesamte Auflage dieses Drecksblattes aufzukaufen, doch dafür war es zu spät, und so blieb mir als saurer Biss in den Apfel nurmehr die Lektüre meiner sexuellen Vergangenheit. (Und wenn ich irgendetwas verdrängen wollte, dann das!)

Sabines Erotiktipps waren, also das muss ich sagen, doch recht lehrreich und vor allem sprachlich in schönem Gewande:

»Frauen stehen auf Muskeln.« Punkt.

»Frauen stehen auf zärtliche Männer.« Punkt. Aha.

Männer dagegen stehen auf einen »aussagekräftigen Busen«. Das war aber mal fein formuliert, ein »aussagekräftiger Busen«, und das aus dem Mund *meiner* Verflossenen. Weiter weiß meine Ex, dass in achtzig Prozent der Fälle die Frau die Frage *Sex oder nicht Sex* entscheidet: Der Mann braucht ihr nur »in die Augen zu schauen. Bei eindeutigem Interesse weiten sich nämlich ihre Pupillen.« So läuft das demnach – also wenn sich Sabines Pupillen weiteten, dann war sie dermaßen zu, dass *Sexualität machen* die letzte aller in Frage kommenden Tätigkeiten war.

Das »erste Mal« mit mir las sich dann so:

»Da lerne ich doch gestern diesen Mann kennen.« Mich.

»Voll mein Typ.« So so.

»Ich bevorzuge das Modell Cowboy: verwegener Romantiker, gerne mit Gangsterfresse.« Schönen Dank auch.

Was Sabine dann »an- und feucht machte«, war wörtlich:

»Er hat schwarze Hände. Und riecht nach Motorenöl. Nichts riecht aufregender. Motorenöl signalisiert: Hallo, ich bin dein Held. Ich habe etwas repariert. (Er fährt ein Spitzenauto und vögelt wie ein Gott.)«

Sabine, mir war die Fahrradkette rausgesprungen und die schmutzigen Pfoten waren tierisch peinlich! Und wenn ich recht erinnere, tat ich mich mit der Kette wesentlich leichter als zwei Stunden später mit dem Kondom. Zugegeben: *Er fährt Fahrrad und vögelt wie ein Anfänger*, klingt wenig prickelnd, und *Men's Health* hat schließlich Stil und einen Ruf zu verlieren:

»Er wählt erst den Küchentisch, dann den Türrahmen und dann mein Bett, um mich niederzustrecken.«

Das ist eine Lüge, eine gottverdammte Lüge. Sie hatte überhaupt keinen Küchentisch! Und dann auch noch »niederstrecken« (am TÜRRAHMEN!) – genau das hätte ich tun sollen. Außerdem, was konnte ich dafür, wenn ihre Studentenbude so klein war, dass man überall anstieß. Den »natürlich gemeinsamen Orgasmus« (das wüsste ich aber) beschrieb Sabine abschließend als »Feuerwerk im Kopf.« Wo sonst.

Gib mir Türnamen!

Kurz und bündig

Mein Therapeut sagt, dass man unbequeme Wahrheiten aussprechen soll und dass es einem dann besser ginge. Nun denn. Dann sage ich es eben: Ich bin unproportional.

So. Jetzt ist es raus. Und es geht mir kein Stück besser. Verdammt. Ich bin nicht zu klein, nicht zu groß, weder zu dünn noch zu – okay ein paar Kilo weniger vielleicht –, aber daran kann man arbeiten. Zugegeben, ich habe O-Beine, aber das ist nicht das eigentliche Problem, ich bin einfach unproportional. Ich erklär's mal so:

Meine Liebste und ich haben dieselbe Jeansgröße: 34/31. Mit dem feinen Unterschied, dass 31 bei ihr das Maß für die Breite ist und bei mir für die Länge. Mit anderen Worten, sie ist gertenschlank und hat Beine bis unter die Achseln, während ich einen Oberkörper mein Eigen nenne, der bis zu den Knien runtergeht und genau da breit ist, wo er's nicht sein sollte. Mit noch anderen Worten: Meine Statur ist untenrum, na ja, eher unsexy.

Die Frau meines Herzens nennt mich oft »Sitz-Riese«, ohne zu wissen, was sie mir damit antut. Wo bitte liegt der Unterschied zwischen »Sitz-Riese« und »Steh-Zwerg«? Und wer will schon so genannt werden? Mit meinen 1,80 m bin ich deutscher Durchschnitt, nur was hilft mir das, wenn nicht mal ein Drittel der Gesamtlänge auf die Beine entfallen. (Ich bin sogar zwei Zentimeter größer als meine Angetraute, aber wenn ich auf ihrem Fahrrad sitze, komme ich nicht an die Pedale ran. Mein Gott, wie demütigend!)

Um meinen Körpermakel zumindest bekleidungstechnisch etwas zu kaschieren, trage ich in der Regel Hosen, die man mittels eines Gürtels oberhalb des Bachnabels festzurren kann, aber wirklich gut sieht das auch nicht aus. Und geh mal in ein Kaufhaus und verlange »übergroße Hosen mit geräumigem Schritt« – so heißen die Beinkleider, die ich benötige, nämlich. Da kannst du was erleben. Überhaupt, die Kleidungsfachverkäufer, das sind die Schlimmsten:

»Kann ich Ihnen helfen?« Wenn ich das schon höre!

»Kann ich Ihnen helfen?« Mit diesem nasalen Kleidungsfachverkäufer-Sound.

»Nein mir kann niemand helfen! Ich bin fertig mit dem Leben, ich bin nämlich unproportional. Aber wo wir gerade dabei sind, führen Sie zufällig übergroße Hosen mit geräumigem Schritt, wissen Sie, mir wurde unlängst eine Dickdarmfistel zur künstlichen Ableitung von Stuhl gelegt.«

Es ist so entwürdigend, und die Männermode ignoriert mich, wo sie nur kann. »Auf Taille« trägt man dieses Jahr seine Hose, »auf Taille«. Niemand, aber auch gar niemand möchte meine Taille sehen, geschweige denn wissen, wo sie sich befindet – 60 cm über dem Boden!

Mein Therapeut meint immer, dass man so groß sei, wie man sich fühlt, nur dass sich meine Stummelbeine einen Dreck darum scheren, wie ich mich gerade fühle. Und eine Selbsthilfegruppe für unproportionale Männer gibt es auch nicht. Manchmal gehe ich in eine Kneipe und betrinke mich einfach. Ich trinke, bis ich nicht mehr stehen muss, weil ich es nicht mehr kann. Ich trinke, um zu vergessen. Dann stelle ich mir vor, ich wäre ein Vogel oder ein Regenwurm, irgendein Lebewesen, bei dem es auf die Beine nicht so ankommt, aber spätestens, wenn ich aufs Klo muss, wache ich wieder auf. Dann uriniere ich traurig ins Kinder-Pissoir, weil ich an die anderen nicht rankomme.

Der Volksmund sagt: Lügen haben kurze Beine. Ich auch.

Klar, der Münchner Osten war nicht die Lower Eastside. Trotzdem begann das Ganze viel versprechend.

Unser Dorf soll schöner werden.

Und jetzt alle: Sunday, bloody Sunday!

>»I can't believe the news today.«
> (U 2)

Das Leben des Bühnenreisenden bringt es mit sich, dass man sonntags in der Fremde erwacht. Besonders tragisch ist das nicht, man hat es ja so gewollt. Leider gibt es jedoch Sonntage, da bewahrheiten sich gleich alle drei Fundamentalsätze den Tag des Herrn betreffend:

1. Du sollst nicht erwachen in einem miefigen Hannoveraner Hotelzimmer.

2. Ein für alle Mal sollst du dir merken: Vorabendlicher Alkoholgenuss ist in Hannover zwar verständlich, aber keine Lösung.

3. Wenn der Sonntag mit der Lektüre der Peter-Hahne-Kolumne beginnt, kannst du ihn getrost in die Tonne kloppen.

Aber was hatte ich schon für eine Wahl? Auf meinem übersichtlich dekorierten Hannoveraner Hotel-Frühstückstisch (Ich schwöre: Bei den Scheibletten wechseln sie regelmäßig das Cellophan aus, nie aber den Käse!) befand sich als Morgenlektüre die *BILD am Sonntag*. Und weil ich die ersten beiden Gebote des Sonntags ohnehin schon gebrochen hatte, kam es auf das dritte auch nicht mehr an. Ich griff zur Springer-Gazette und las die *Gedanken zum Tag*. (Keine Ahnung, was für ein Kraut Peter Hahne einst geraucht haben mag, um auf dem Foto dermaßen bekifft zu grinsen, auf jeden Fall aber viel davon.) Definitiv sicher ist jedoch: Die Droge, die sein Geschreibsel rechtfertigen würde, gibt es nicht. Er schreibt nämlich, dass der Absturz des ägytischen Flugzeuges vor der amerikanischen Küste und der Amokschütze von Bad Reichenhall die bestimmenden Themen der letzten Woche waren. Aha.

Da Peter Hahne nun aber ein verantwortungsvoller Journalist ist, quält ihn vor allem eins:

»Worin liegt der Sinn bei solchen Katastrophen?«

Was für eine zynische Drecks-Frage! Es liegt nun mal in der Natur von Flugzeugen, dass sie auch mal runterfallen, und in der Natur von Waffen, dass man damit schießt – so einfach ist das. Aber Peter Hahne wäre nicht der Jürgen Fliege des geschriebenen Wortes, hätte er nicht auf jede noch so dumm-deutsche Frage Antworten parat, für ihn heißt das (angesichts solcher Katastrophen): »jeden Tag noch bewusster erleben« und »Gott danken« und – so möchte man hinzufügen – Kolumnen voll schreiben. Ach, es hat schon sein Gutes, dass ab und an ein Unglück geschieht, welchem man dann etwas Sinn abringen kann.

Wenn es nicht so teuer wäre, würde ich jetzt den gepflegten Charles-Manson-Vergleich wagen, aber ich bin nicht *Viva*, also bleibt: Hölle Hölle Hölle, Peter Hahne hat mir den Tag versaut, Peter Hahne – der Wolfgang Petry der ZDF-Christen! Nichts wie weiterblättern, was steht noch so in der *BamS*? Oh!

»Heute findet der New-York-Marathon statt, mit am Start: Joschka Fischer und Jörg Haider.«

Weil ich nun aber alles andere als ein verantwortungsvoller Journalist bin, dachte ich spontan: Wer wohl schneller ist?

Und weil ich Komiker bin, dachte ich weiter:

Dass Joseph-»der-sich-den-Wolf-läuft«-Fischer mitmacht, ist klar, aber was will der Haider da? Hat ihm keiner gesagt, dass in New York nicht nur Arier wohnen? Was wäre das schön, wenn er sich *da* verlaufen würde. Jörg Haider joggt versehentlich durch Queens und kriegt erst mal zu hören:

»Yo man, yo. You betta shut the fuck up, you fascist sucka!«

Und er antwortet:

»Ja hearst, servas. Supa Feuer hobt's da in da Mülltonn'n. Leiwand. Seid's am Grillen?«

Und dann kriegt er voll eins in die Fresse.

Jawollo – beim *BILD*-Lesen entfaltet sich der Kabarettist in mir zu voller Blüte: Wieso läuft Edmund Stoiber eigentlich nicht mit in New York? (Lacher) Weil der Stoiber ist ja mittlerweile so was wie ein Coach für den Haider! Die trainieren auch schon mal gemeinsam, für den München-Marathon – rund um die Feldherrnhalle!! (Lacher) Ja, ja, die müssen fit sein, wenn's dann losgeht mit den ethnischen Stoiberungen!!! (Szenenapplaus)

(Wenn meine Eltern mich jetzt hören könnten, wären sie richtig stolz. Ihr Sohn macht Old-School-Kabarett ...)

Aber an Sonntagen wie diesen gibt es keine Gerechtigkeit: Jörg Haider lief unbehelligt durch den jüdischen Stadtteil Williamsburg und kam zwanzig Minuten vor dem deutschen Außenminister ins Ziel.

»Worin liegt der Sinn bei solchen Katastrophen?«

Ich hasse Hannover.

Und irgendwann ging ihm die frische Wäsche aus. Er betrat ein Geschäft und erwarb zwei neue Oberhemden.

Night on earth – Die sechste Stadt

»Und – wohin soll's gehen?«

In 99 von 100 Fällen begrüßen mich Taxifahrer mit der »Und – wohin soll's gehen?«-Frage. Der hundertste Fall war eines Abends am Bahnhof. »Taking the cab in a small town« heißt es in einem Song von irgend so einem Westküstenheinz – wie auch immer, zumindest ist es ein Synonym für »mir ist nicht mehr zu helfen«. In einer Stadt wie Freiburg das Taxi zu nehmen, ist tatsächlich genau so, aber ich lebe hier, zumindest zurzeit, und manchmal brauche ich das einfach.

Gegen alle Gewohnheit nahm ich auf dem Rücksitz Platz, seufzte theatralisch, um zu signalisieren, dass mir eine anstrengende Zugfahrt in den Knochen steckte, und wartete darauf, dass sich der Taxifahrer zu mir umdrehte. Der aber starrte weiter aus dem Fenster, stellte mechanisch die Uhr an und fuhr schweigend los. Auch mal 'ne Variante, dachte ich, und schwieg ebenfalls. Wortlos fuhr er die Schnewlinstraße runter und bog links in die Basler Straße ein.

Meine Richtung! Vielleicht weiß er, wo ich wohne?

Kronenbrücke – er wusste es eher nicht.

Auf Höhe der Uni zeigte der Taxameter sieben Mark an,

und immer noch war kein Wort gewechselt. An sich bin ich ein großer Freund kommunikationsfreier Taxifahrten, diese aber könnte ein teurer Spaß werden. Trotzdem sagte ich nichts, auch nicht, als es am Fahnenbergplatz wieder nach links ging. Warum nicht mal schweigend im Kreis fahren? Schau' ich mir halt bisschen die Stadt an. Kostenpunkt mittlerweile 9,50 Mark für die Strecke vom Bahnhof bis zum Bahnhof.

Na ja, von irgendwas muss er ja auch leben. Als sich bei 15 Mark abzeichnete, dass mein Chauffeur die gewählte Rundtour nicht nur schön, sondern auch eine Wiederholung wert fand, dachte ich: Also jetzt sag' ich auch nichts mehr, besser der Irre kennt meine Adresse nicht.

Als könnte er Gedanken lesen, verstellte der Taxifahrer den Rückspiegel, so dass er mich sehen konnte, und sagte den magischen Satz:

»Scheiße, Mann. Warst du schon mal unglücklich verliebt?«

Ich dachte: Halt die Klappe und fahr mich heim. Außerdem geht dich das gar nichts an, Mr. Cab-Driver, natürlich war ich schon mal unglücklich verliebt, zweimal, um genau zu sein. Gelitten wie ein Hund habe ich, dass ich Luft war für Katja Berger, in der Wittelsbacher Grundschule. Katja Berger, Katja Berger, Katja Berger. Jahrelang interessierte sie sich für überhaupt niemand außer für ihre Freundinnen und ihre Pferdeposter. Und dann ging sie auf einmal mit diesem Christoph, verdammt, der supertolle Christoph, der immer als Erster in die Brennballmannschaft gewählt wurde. Und der, »Bange machen giltet nicht«, sogar mit dem Kopf voraus vom Zehner sprang, während ich wieder runterkletterte. Aber das werde ich dir nicht erzählen, Taxifahrer, Akademiker, gescheiterter. Das zweite Mal unglücklich verliebt war noch schlimmer, da …

»Ja«, hörte ich mich sagen.

»In wen?«, fragte er und bog mal wieder in die Baslerstraße ein.

»Sie wissen nicht wirklich, wo ich wohne, oder?«

»In wen?«, wiederholte er seine Frage.

»In Winona Ryder aus *Night on earth*.«

Er schwieg.

Die Wahrheit: Das mit Sophie Marceau war Liebe, in Winona Ryder war ich verschossen. Hin und weg war ich von ihr, in Jim Jarmuschs Kultfilm. Winona Ryder, so unglaublich sexy als Taxifahrerin in L. A., wie sie auf einem Packen Telefonbüchern sitzt, um überhaupt ans Lenkrad zu kommen, und wie sie dieser Pelzjacken-Filmzicke, die sie durch die Stadt kutschiert, eine Absage erteilt. Die Pelzjacke sagt:

»Ich kann dir helfen, Schätzchen. Willst du zum Film? Schauspiel, Schätzchen. Karriere, Hollywood, hm?«

»No Ma'am. I got a job.«

Taxifahren ist krisensicher, und Winona sagt noch:

»Aber ich kann Sie hinfahren, nach Hollywood, das bringt 'ne Stange Geld.«

Gott ja, ich war verliebt – unglücklich verliebt.

Mein Taxifahrer sagte nichts – klar –, und wir fuhren zum vierten Mal über die Kronenbrücke.

»Kennen Sie *Night on earth*?«

Keine Antwort. Natürlich kannte er den Film. Alle Taxifahrer mit abgebrochenem Hochschulstudium kennen *Night on earth*, fünf Taxi-Geschichten – »cab-storys«, in einer Nacht, in Amerika, Italien, Frankreich, kurze Nacht-Abenteuer ...

Okay, falsche Baustelle, hier war Freiburg und nicht Los Angeles. Er war nicht Armin Müller-Stahl in New York oder Roberto Benigni in Rom. Er war ... hier halt. Mal einen betrunkenen Zahnarzt die hundert Meter vom Bahnhof ins Colombi fahren, für zwanzig Mark Trinkgeld, mal eine Provinz-Persönlichkeit in den Puff, und das war's dann auch schon mit Abenteuer.

Das Taxi hielt. Am Bahnhof – wo sonst. Die Uhr zeigte 48 Mark an, und zum ersten Mal betrachtete ich den Fahrer näher. Er war klein, ziemlich klein sogar und traurig. Er guckte trauriger als die drei Kaurismaäki-Typen zusammen in dem finnischen Taxi in der Helsinki-Episode in *Night on earth*.

Verdammt, ich wollte ihn nicht verletzen oder so. Was kann ich dafür, dass hier nichts passiert. Warum fragt er mich auch nach Winona Ryder, der Zwerg? Und kriegt ansonsten das Maul nicht auf. Fast fünfzig Mark für viermal um die Innenstadt! Na großartig! »Taking the cab in a small town ...«

Er sagte immer noch keinen Ton, und das Taxameter klackerte weiter vor sich hin. Wenn er alle seine Fahrgäste so behandelte wie mich, dürfte er ganz gut verdienen. Scheiß-Stadt!

In diesem Moment kam eine groß gewachsene Frau aus der Bahnhofshalle und sah sich suchend um. Sie war sexy und so overdressed, wie man es in Freiburg nur sein konnte: Sonnenbrille, Stöckelschuhe und Pelzmantel – im Juni. Eine Frau, für die jeder Taxifahrer der Welt seinen Rückspiegel verstellt.

Ich überlegte kurz, ob ich sie nicht heranwinken sollte, dann könnten wir zu dritt im Kreis fahren – dann hätte er mal was erlebt. *Die Frau hättste mal nach der Liebe fragen sollen, du Arschloch*, und da begriff ich: Ich hatte ihm sein Abenteuer vorenthalten, sein kleines, bekacktes Kleinstadt-Abenteuer.

Er hatte eben nicht wissen wollen: »Und – wohin soll's gehen?«, sondern einen Satz gesagt, der sich nicht gehörte, einen Satz, der alles umwirft, wenn man ihn nur richtig beantwortete, einen magischen Satz, der direkt ins Abenteuer hätte führen können.

Und ich hatte ihn verspottet. Die Strafe dafür sah super aus, stand fünf Meter vor uns und stieg in ein anderes Taxi.

Das war's dann. »Taking the cab in a small town!«

Mein Fahrer stellte den Taxameter mechanisch auf null und drehte sich zu mir um.

»Und – wohin soll's gehen?«

Diesmal sagte ich den magischen Satz:

»Folgen Sie diesem Wagen!«

Treppenwitz

Es gibt Gegenden, da sollte man besser keine Panne haben.

Sunday, bloody Sunday (Piano-Version)

>»Immer wieder sonntags
kommt die Erinnerung.«
(Leider wahr!)

Zu den himmelschreienden Ungerechtigkeiten gehört der Sendeplatz von Sabine Christiansen. Was war das schön früher, Sonntagabend war Fernsehabend: Erst gepflegt *Tatort* gucken und dann den *Kulturreport*. Und dann war man müde und glücklich. Heute jedoch betritt nach dem Krimi Sabine Christiansen die Mattscheibe und und macht den Sonntag kaputt. Sie bringt einem nämlich Politiker, die man gar nicht sehen will, ins Wohnzimmer, noch viel weniger will man die Christiansen sehen, müde ist man aber auch noch nicht, schaltet also um, schaut irgendeinen Käse an, zappt wahllos weiter, verpasst selbstredend den *Kulturreport*, kommt viel zu spät ins Bett, und die nächste Woche fängt schon mal mies an.

Und was noch viel schlimmer ist: Irgendwie wirft Sabine C. ihre Schatten voraus. Früher war es halb so schlimm, wenn statt Batiç und Leitmayer mal der unsägliche Kommissar Palü ermittelte, im Anschluss gab's ja noch den *Kulturreport*, und der war immer spannend (solange er nicht aus München kam). Heute muss es der *Tatort* aus eigener Kraft richten. Das wochenendliche Fernsehritual einfach vorzuverlegen, ist keine Lösung. Die fortschreitende Sabinechristianisierung des Sonntags macht auch vor der *Lindenstraße* keinen Halt: Weniger Realismus, mehr Mutter Beimer, heißt hier die Devise — und wer will das schon?

An meiner an sich überaus harmonischen Wohngemeinschaft lässt sich diese schreckliche Entwicklung im Übrigen bestens beobachten. Unsere beiden WG-Frauen werden zunehmend quengeliger.

»Schimanski ist auch nicht mehr das, was er mal war«, sagt meine Mitbewohnerin Marion immer öfter. Hilfe!

»Ist doch total 80er Jahre und unrealistisch.«

Klar, dass ich einschreiten muss.

»Ich will nicht, dass Schimmi eine Tür normal öffnet, wenn man sie auch eintreten kann. Er soll nicht diskutieren, sondern sich prügeln und danach eine halbe Flasche Korn trinken.«

Marion meint dann lapidar: »Du hast doch keine Ahnung.«

»Ich — keine Ahnung? Ihr merkt doch gar nicht, was hier gespielt wird!«

Aber die Mädels, mit denen ich lebe, sind infiziert! Was vor nicht allzu langer Zeit noch ein *lazy sunday afternoon* war, ist jetzt Genöle, wenn nicht gar Geschlechterkampf.

»Ach Männo«, mosern die Ladys, »wieder kein Köln-Krimi, bloß ein doofer Polizeiruf.«

Ich versuche zu intervenieren.

»Erstens ist das das TV-Programm von letzter Woche, und zweitens ist Sonntag *Tatort*-Tag, verdammt.«

Doch das ist ihnen egal.

»Komm, lasst uns ins Kino gehen, vielleicht läuft ja *Das Piano*.«

Das ist das Ende!

»*Das Piano*! Der größte Dreck, der je auf Zelluloid gebannt wurde! Wofür hat Harvey Keitel *Pulp Fiction* und *Smoke* gemacht, wenn er für *Das Piano* doch in der Hölle schmoren wird?«

Ich könnte mich richtig reinsteigern, und jetzt fällt mir auch noch mein an sich cineastisch hochgebildeter Mitbewohner A. in den Rücken.

»So schlecht ist der Streifen nicht, immerhin hat er einen Oscar gekriegt.«

»Ja, für den unrealistischsten B-Movie aller Zeiten. Ein österreichischer Klavierstimmer mitten im Busch! Und Eingeborenen-Darsteller, die nicht einmal an die Komantschen in Karl-May-Filmen rankommen!«

Natürlich ist es meine Angetraute, die mir den Todesstoß versetzt.

»Was weißt du schon. *Das Piano* ist halt ein Frauenfilm!«

»WIE BITTE? EIN FRAUENFILM? Eine Frau muss mit einem alten Sack schlafen, damit er sie auf seinem verstimmten Klavier spielen lässt. Frauenfeindlich ist das, jawohl. Mit Holly Hunter – der SABINE CHISTIANSEN AMERIKAS!«

Doch das hört meine Rest-WG schon gar nicht mehr, sie ist gegangen – ins Kino. Und ich bleibe zurück im Wohnzimmer, allein mit unserer Katze.

»Du verstehst mich, Moneypenny, nicht war?«

Tut sie aber kein Stück, sondern macht es sich im Fernsehsessel bequem und guckt interessiert in die Glotze. Dort läuft *Geld oder Liebe?*.

Ich trinke eine halbe Flasche Korn. Dann trete ich die Kellertür ein und schaue der Waschmaschine beim Schleudern zu. Und stelle mir vor, es wäre der *Kulturreport*.

Corporate identity von Dinkelsbühl

Gefährliches Halbwissen

Wer keine Ahnung hat und dennoch blöd daherredet, jobbt in einer Kneipe, heißt es, oder wird Komiker. Während die Vorzüge des Wirtslebens nun eher im Bereich des Freibiers liegen, halte ich es doch für ein angemessenes Lebensziel, stets auf der richtigen Seite des Tresens zu stehen. Und siehe: An einem tristen Tag im März war ich ganz kurz mal Star. Ich sollte nämlich *zwei* Interviews an *einem* Abend geben, so richtig mit Termin, einer-nach-dem-anderen, Redezeitbegrenzung – ein bisschen berühmt halt. Ich spielte mein Kabarett-Programm zwar nur auf der Wirtshausbühne einer verdrängenswerten Kleinstadt, trotzdem begehrten im Anschluss an die Aufführung gleich zwei Zeitungsmänner, mit mir zu sprechen. Hui, das war jetzt nicht die *Hall of Fame*, aber etwas stolz machte es mich schon.

Der Erste im Bunde, ein dicklicher, mittelalter Provinzschreiberling, wollte eigentlich gar nichts von mir wissen. Er machte ein Foto und fragte, was sie alle fragen: Ob ich das alles wirklich erlebt hätte, was ich da auf der Bühne erzähle? Ob man davon leben könne? Was ich denn tagsüber mache? Es wurde ein sehr kurzes Gespräch. Ich sagte »Ja« und noch mal »Ja« und »Das geht Sie gar nichts an« und: »Wenn Sie mich jetzt entschuldigen würden«, schließlich hatte ich noch ein weiteres Interview zu geben.

Und was für eines, denn mein zweiter Gesprächspartner war von der *FAZ* und hatte Soziologie studiert. Das sah man: Rollkragenpulli in Dinkelsbühl! Er konfrontierte mich mit einer Statistik und betonte, dass »meine Generation die bestinformierteste ever, zugleich aber auch die schlechtestgebildetste aller Zeiten« sei. Was ich denn dazu meine? Ich meinte, dass er der miesest sprechendste Journalist dieses Tages wäre, aber das sagte ich nicht. Genau genommen sagte ich erst mal überhaupt nichts, weil er gar nicht so falsch lag. Mit meiner Allgemeinbildung ist es nämlich tatsächlich nicht so weit her, obwohl ich mir immer wieder adäquate Literatur zu Gemüte führte. (Habe ich erwähnt, dass ich als Kind viel lesen musste? Bestimmt.) Gleich das allererste Buch, welches ich als Achtjähriger – mehrfach! – las, war *Sie bauten eine Kathedrale*. Bis auf den heutigen Tag weiß ich ganz genau, wie man eine Kathedrale baut, aber ich befürchte, dass mir dies Wissen nicht wirklich nützen wird.

Streng genommen beschränkt sich meine Bildung neben der fundierten Kenntnis im Kathedralenbau auf den lückenhaft memorierten Inhalt der Was-ist-Was-Bücher. Mit lückenhaft meine ich, dass ich, wenn es um die Tier- und Pflanzenwelt der heimischen Fauna geht, ein kompletter Versager bin. Mein Lieblings-Was-ist-Was-Band war halt der über die Dinosaurier. Auf Anhieb erkenne ich den Unterschied zwischen einem Bronto- und einem Stegosaurus, aber wann braucht man das schon mal. Manchmal bringt mich mein Unwissen in richtig peinliche Situationen, speziell zurzeit, denn unsere Katze Moneypenny ist mittlerweile zu einer stattlichen Jägerin gereift. Schon zweimal hat sie – sagen wir – *Lebewesen* erlegt.

»Was ist'n das für ein Tier, das die Moneypenny da im Maul hat?«, wollte meine Angetraute unlängst wissen. Ich antwortete: »Äh, also, ein Vogel ist es nicht.« Es sah zugegebenermaßen ein bisschen aus wie eine Maus, aber ich war mir nicht sicher. Hätte auch eine Ratte sein können. Oder ein Maulwurf. Meine Süße war echt sauer, und ich dachte grollend: Warte nur, bis Moneypenny mal einen Archäopteryx anschleppt, dann wirst du schon sehen.

All das erzählte ich dem *FAZ*-Mann, er zuckte mit den Schultern und zog schweigend von dannen. Das nächste Mal interviewt er wahrscheinlich lieber den Wirt.

This is Rügen ...

... not Baywatch.

Und jetzt erzähle ich noch was vom Pferd
(Meine kleine Farm V)

>»Ich erinnere mich, das Langweiligste
waren die Pferdedressuren.«
(Uli Becker)

Weil ich von Zeit zu Zeit auf Bühnen oder im Fernsehen komische Sachen erzähle oder auch seltsame Dinge in diverse Zeitungen hineinschreibe, halten mich gelegentlich wildfremde Menschen auf der Straße an und fragen:

»Entschuldigen Sie, darf ich Sie mal was fragen?«

In der Regel antworte ich dann: »Ja.«

»Sie sind doch der Joachim?«

Damit es nicht kompliziert wird, bejahe ich auch diese Frage meistens, worauf jene Menschen wissen wollen:

»Soll ich Ihnen mal was sagen?«

Auf diese Frage entgegne ich immer »Nein«, aber da ist es schon zu spät.

»Wissen Sie was?«

»NEIN!«

»Sie sind doch krank!«

Hierauf fällt mir dann selten etwas ein, außer der Wahrheit vielleicht: Ja, ich bin krank – genau genommen bin ich *manisch 14.* Ich weiß nicht, ob das eine schlimme Krankheit ist, wenn ich einen Schub kriege, regrediere ich halt ein bisschen. Ich nöle herum, kaufe mir heimlich Clearasil und höre in ohrenbetäubender Lautstärke peinliche Musik, zu der ich in noch peinlicheren Posen Luftgitarre spiele. Insgesamt geht aber keine größere Gefahr von mir aus. (Mein Therapeut meint lediglich, ich würde da etwas nachholen, was mir die Renate und der Eberhard irgendwie vorenthielten, beziehungsweise was ich als Abgrenzung von meinen Eltern nicht ausgelebt hätte.) Ich selber finde, dass ich für einen Pubertierenden eigentlich ganz cool bin. (Wenn man mal von den Jeans mit weißem Längsstreifen und dem gelben Scout-Schulranzen, mit dem ich dann rumlaufe, absieht.)

Gut, meine Mitbewohner sind schon ein wenig genervt, wenn ich mit dem Zirkel *AC/DC* in den Esszimmertisch ritze und zu nachtschlafener Zeit nach einem Pausenbrot verlange. Aber zum Glück ist so ein Schub nie von langer Dauer und meine WG äußerst tolerant. Meine Liebste hat, glaube ich, sogar ein bisschen Spaß an mir. Immer, wenn ich 14 bin, wird sie ganz verständnisvoll und sagt so Sachen wie: »Ja, nächstes Jahr bekommst du dein Mofa.« Oder auch: »Um zehn bist du aber spätestens wieder daheim.«

Wenn ich dann doch erst nachts um drei betrunken nach Hause komme, begründe ich es meistens damit, dass ich zwischenzeitlich wieder 29 war, und alles ist gut.

Das einzig wirklich Schlimme ist, dass ich seit einiger Zeit verliebt bin, in Katja-Sophie. Vielleicht lag's am Namen, auf jeden Fall habe ich ihre Kontaktanzeige in der *Bravo* gelesen und war hin und weg. Sie schrieb:

»Ich bin ein einsames Singel-Girl (12) und sooo traurig, weil ich keine Post kriege. Welcher Boy schreibt mir? Meine Hobbys sind Xavier Naidoo, Reiten und Jungs.«

Verdammt gewagte Zeilen für eine 12-Jährige! Problematisch beim Verfassen meines Antwortbriefes war allerdings, dass ich zu diesem Zeitpunkt alles andere als krank war und deshalb formulierte:

»Hör mal zu, du Göre, erstens bin ich kein *Boy*, und zweitens hast du *Single* falsch geschrieben. Außerdem ist Xavier Naidoo kein Hobby, sondern eine Seuche!«

Aber natürlich, kaum war der Brief verschickt, wurde ich postwendend wieder vierzehn und von schrecklichen Gewissensbissen geplagt. Bestimmt hatte ich Katja-Sophie tief gekränkt, vielleicht sogar in den Selbstmord getrieben, zumindest aber die Chance auf meine ganz große Liebe vergeigt. Sofort setzte ich mich hin und schrieb ihr, dass ich alles nicht so gemeint hätte, und »Ich tu Pferde auch mögen«, schrieb ich, und dass ich halt so eine Marotte hätte, weil ich mir manchmal vorstellte, ich sei 29.

Nach einem Tag furchtbaren Wartens verzieh Katja-Sophie mir großmütig und erklärte, dass sie meine Marotte prima fände, sie hätte eh gern einen älteren Freund. Ich schrieb zurück:

»Mensch, Katja-Sophie, mir dir kann man echt Pferde stehlen.«

Das war ein Fehler, denn am nächsten Tag stand sie vor meiner Tür:

»Los, lass uns den Coup starten!«

»Wie bitte?«

»Du hast doch versprochen, dass du mit mir ein Pferd klaust«, sagte Katja-Sophie.

Und weil ein Mann irgendwann einmal tun muss, was ein Mann tun muss, kam es, dass wir in unserer ersten gemeinsamen Nacht in einen Bauernhof einbrachen. Der Gaul der Wahl war allerdings wenig begeistert und herrschte mich an:

»Das Mädel lass ich jetzt mal außen vor, aber du – du bist keine 14 mehr!«

»Doch«, verzweifelt erzählte ich dem Pferd *meine Geschichte*, aber, ich weiß nicht warum, es hat mir einfach nicht geglaubt.

Corporate identity von Basel

Forbidden Fruits. Eine Schildergeschichte

Es ist nicht so, dass die antiautoritäre Erziehung, welche ich genoss, überhaupt nichts gefruchtet hätte. Natürlich, ich bin kein Revoluzzer geworden, kein Outlaw, noch nicht einmal ein aufrechter Gegner des Establishments. Allein, pädagogische Maßnahmen gehen nie spurlos an einem vorüber und ein bisschen aufklärerischer Impetus und Widerborstigkeit blieben auch an mir hängen.

Im Sommer vor drei Jahren heiratete mein Freund Harald Meyer. Ich hatte nach der Schulzeit kaum noch Kontakt zu ihm, trotzdem lud er mich zur Hochzeit ein. Und ich kam auch, nicht zuletzt wegen der Dame, die er zur Frau nahm. Harald ehelichte nämlich nicht irgendwen, sondern just meine ehemalige Nachbarin und Intimfeindin Astrid. Das Schicksal kennt einfach manchmal keine Gnade. Astrid von Ginten, »Arschtritt von hinten«, gab für Harald den Lispler ihren geliebten Adelstitel auf. Das passte. Raus aus der Einsamkeit und rein in die Anonymität, Harald und Astrid Meyer. Die beiden wurden schon mal in der neunten Klasse zum *worst dressed couple of the year* gewählt, und ich glaube, sie sind einfach aneinander hängen geblieben. Warum auch nicht. Es ist das Leben, das die Geschichten schreibt, aber das wollte ich eigentlich gar nicht erzählen.

Die kirchliche Trauung fand in einer kleinen Kapelle in Oberbayern statt. Ich mache mir nichts aus Kirchen, aber diese war besonders. Direkt im Eingangsbereich hing nämlich ein Schild, auf dem zu lesen war: NICHT AUF DEN BODEN SPUCKEN.

Da ich nie ein regelmäßiger Kirchgänger war, kenne ich die Gepflogenheiten in bayerischen Gotteshäusern nicht, aber nicht einmal im Traum wäre mir eingefallen, dort einfach so auf den Boden zu spucken. Ich mache das nirgendwo, am wenigsten in einer Kirche. Aber da war das Schild und nährte meine Renitenz. Der verlockende Reiz des Verbotenen. Ich konnte überhaupt nichts dagegen tun, meine Gedanken kreisten nicht mehr um den Bund der Ehe, nicht mehr um meine Jugendfreunde, sondern nur noch ums unerlaubte Spucken.

»So ein Schild muss doch seinen Grund haben, ob ich vielleicht mal ...«, rumorte es in mir unentwegt.

Feierlich war das nicht. Am Altar wurde geheiratet, und ich produzierte Speichel wie ein Lama. Während der Fürbitten schäumte meine kriminelle Energie dann über, und ich rotzte beherzt zwischen die Kirchenbänke. Die Umstehenden räusperten sich etwas pikiert, weiter geschah nichts.

»Wieso dann das Schild«, dachte ich und begann in regelmäßigen Abständen auf den Boden zu spucken.

Ich bin kein notorischer Rüpel, keineswegs, ich sehe mich eher als krankhaften Aufklärer. Wenn ich eine Norm nicht verstehe, muss ich sie einfach brechen, um hinter ihr Geheimnis zu kommen. Was mir in der Kirche auch gelang. Irgendwann, die Zeremonie war noch lange nicht zu Ende, wurde ich freundlich gebeten zu gehen, und ich ging – spuckend. Das frisch gebackene Paar hat das bestimmt persönlich genommen, aber das war es nicht. Seid mir nicht böse, Astrid und Harald, ich wollte lediglich ein wenig Licht in die Dunkelheit der Kirche bringen. Und das habe ich. NICHT AUF DEN BODEN SPUCKEN. Wahrscheinlich hatte man die Verbotstafel extra für mich aufgehängt.

Dies ist nur eine Geschichte von vielen aus meiner quasi kriminellen Karriere. Nicht, dass ich etwas tun muss, sobald es untersagt ist, nein, nur wenn ich ein Verbot gar nicht kapiere, wage ich mich auf illegales Terrain. Positiv gewendet bin ich also weniger ein Gesetzloser als vielmehr ein Sinnsucher. Finde ich. Die Ordnungshüter sehen das anders, aber das steht auf einem anderen Blatt.

Das ist es, was ich eingangs meinte. Ich gebe zu, es handelt sich um einen marginalen Ausläufer des Widerstandsdenkens meiner Eltern, aber es ist zumindest *sixtyeight-alike*.

Und irgendwie hatte ich den Hang dazu immer schon. Auf dem Gymnasium, in einer Ecke des Schulhofes, die traditionell den rauchenden Oberstufenschülern vorbehalten war, prangte auch eine blecherne Tafel. Dort stand: SEILHÜPFEN VERBOTEN. Niemals, aber auch wirklich niemals, ist hier jemand Seil gesprungen. Trotzdem war es schriftlich untersagt, und ich wusste nicht warum.

Und schon damals brodelten in mir dieser Gerechtigkeitssinn und Aufklärungswahn. Das ging so weit, dass ich Erwin Moser nötigte, mit mir, eben an dieser Stelle, seilzuhüpfen. Um zu gucken, was passierte. Der dicke Erwin und ich, beide 17 Jahre alt, beim Gummi-Hopsen! Wir wurden zum Gespött der Schule, aber wir lüfteten das Geheimnis. Das Schild machte tatsächlich Sinn, denn wir wurden drakonisch bestraft. *Erreicht*, wie die Hippies sagen würden, haben wir nichts, die Blech-Tafel hängt immer noch da. Aber der Eberhard und die Renate fanden die Aktion *schwer okay*.

Dieser manische Wesenszug, hinter unverständliche Verbote zu kommen, plagt mich bis heute. Wobei ich sagen muss, dass ich auch scheitere. Unweit meines Wohnortes, im Schweizerischen Basel, gibt es ein Schild, an dem ich mir seit Monaten die Zähne ausbeiße. Es hängt an einer Garage und stellt mich vor ein großes Rätsel.

GANZER PLATZ. FEHLBARE WERDEN FÜR UMTRIE-BE BEHAFTET. Was soll das heißen?

Werde ich mit Heftpflastern beklebt? Und wenn ja, warum?

Weder weiß ich, was ich *nicht* tun darf, noch, was mir passiert, wenn ich es tue.

Ich habe es mit allem Möglichen probiert. Zuerst, der Verkehrsikonographie entsprechend, tagelang mit falschem Parken. Nichts passierte. Dann, einfach so, mit lautem Trompetenspiel. Keine Polizei, keine erzürnten Anlieger.

Ich konsultierte das Wörterbuch: *Fehlbar* heißt »schuldig«, *Umtriebe* bedeuten »lästige Laufereien« und *behaften* »jemanden mit etwas Unangenehmem versehen«.

SCHULDIGE WERDEN FÜR LÄSTIGE LAUFEREIEN MIT UNANGENEHMEM VERSEHEN. Hä? Mehrere Stunden lief ich im Kreis und brüllte:

»Ich bin schuldig!«

Nichts ereignete sich. Weder Angenehmes noch Unangenehmes. Niemand wollte mich behaften.

In einem Speziallexikon fand ich *Umtrieb* schließlich als Begriff aus der Forstwirtschaft beschrieben:

»Zeitraum von der Pflanzung bis zur Abholzung.«

Abzuholzen gab es nichts, *Ganzer Platz* war geteert. Also düngte ich ihn großzügig und pflanzte eine Fichten-Schonung. *Die zarten Triebe sprengen den Asphalt!* Was dort geschah oder geschehen wird, weiß ich nicht, aber ich finde, meine Eltern können stolz auf mich sein. Ein bisschen zumindest.

Darkwing Duck im Fasching!
Eine Hommage auf das linke Kind der Zukunft

>»Ceci n'est pas une pipe.«
>(René Magritte)

>»Zwo, eins, Risiko!«
>(Darkwing Duck)

Mein absolutes Lieblingskind heißt Luca, ist sieben Jahre alt und wohnt in Freiburg-Herdern. Dass Luca ein richtig guter Junge ist, hört man eigentlich schon am Namen, denn obwohl er vom Alter her Marvin, Kevin oder Dennis heißen müsste, heißt er eben Luca, und das ist cool und spricht für seine Eltern.

Das erste Mal positiv aufgefallen ist mir der kleine Blondschopf, als ich vor längerer Zeit auf der Bühne des *Vorderhauses* eine Toblerone-Sprengung durchführte. Ich tat dies im Auftrag von Kunst und Aufklärung, um zu symbolisieren, dass sich Toblerone-Rippchen weder abbrechen noch abbeißen lassen (im letzteren Fall zieht man sich üble Verletzungen im oberen Gaumenbereich zu, direkt hinter den Schneidezähnen). Toblerone muss man nach innen knicken, oder aber man steckt einen Donnerschlag zwischen die Schokodreiecke und zündet diesen.

Dem Publikum erschloss sich diese explosive Aktion in seiner Gänze nicht wirklich:

»Willst du durch die Bombe auf der Bühne die inhärente Gewalt der Schweiz anprangern?«

Oder auch:

»He, es verhungern Menschen, und du jagst Schokolade in die Luft!«

Während also die vermeintlich aufgeklärten Erwachsenen rätselten, leuchtete Luca die Performance unmittelbar ein: Toblerone muss gesprengt werden! Er sammelte die Schokoladenfetzen ein und verteilte sie gerecht unter seinen Freunden, welche im Übrigen bis auf den heutigen Tag mit Böllern und Krachern nur noch sinnvolle Dinge anstellen.

Wie weit Luca im Sinne kritischer Aufklärung aber wirklich ist, bewies er beim letzten Karneval, als es um die Eltern und Kinder zermürbende Frage nach der korrekten Faschingsverkleidung ging. Wobei ich dazu sage, dass Lucas Eltern diesbezüglich wirklich tolerant sind. Sie erwähnten die Klassiker *Scheich, Clown, Matrose* noch nicht einmal. Sie ließen schlicht und ergreifend den Bub entscheiden.

Ohne pädagogischen Druck lehnte er Cowboy oder Jedi-Ritter rundweg ab, aber auch andere paramilitärische Modevorbilder wie Lara Croft kamen nicht in Frage, kein Ninja-Krieger und kein Kung-Fu-Kämpfer und schon gar kein Che Guevara, kein Winnetou und kein Mahatma Gandhi (wäre ja noch schöner).

Nein, Luca überraschte seine Eltern mit dem Wunsch, er wolle im Fasching Darkwing Duck sein.

Also zu diesem Kind kann man nur gratulieren, Darkwing Duck ist einfach genial. Optisch ähnelt dieser Disney-Held Donald Duck, ist aber frei von dessen bürgerlicher Pedanterie. Darkwing Duck heißt im normalen Leben Eddie Erpel, lebt in St. Erpelsburg und ist ständig als maskierter Rächer unterwegs – im mehr als gerechten Kampf gegen die F. O. W. L., gegen die »Fiesen Organisationen für Weltweite Lumpereien«. Luca, ich kann es nicht anders sagen, auf einen wie dich haben wir alle gewartet!

Da es natürlich in keinem Warenhaus der Welt eine Dark-wing-Duck-Uniform gibt (dort finden sich nur die lieblosen Verkleidungen für die tumbe Masse), ließ Lucas Vater – auch er ein aufrechter Linker – die Robe des Rächers maßschnei-dern: ein herrliches Zorro-Outfit in leuchtendem Lila. (Ich meine, wer zieht so was schon freiwillig an?) Kaum war das teure Stück aber fertig, revidierte der Junge selbstkritisch seine Meinung und beschloss, doch lieber als *Darkwing Kid* in die Schlacht zu ziehen, mit der bestechend scharfen Begrün-dung, dass es Darkwing Duck ja schon gebe, in den Comics und im Fernsehen.

Mit besorgtem Blick auf seinen Geldbeutel fragte der Vater, wie Darkwing Kid denn aussehe.

»Na, genau wie Darkwing Duck«, entgegnete der Spross.

Und obwohl der Vater Walter Benjamins *Kunstwerk*-Auf-satz sehr genau kennt, blieb ihm die Subversion des Sohnes verborgen. Luca musste ihn aufklären:

»Papa, niemand wird mich mit Darkwing Duck verwech-seln, ich bin doch in echt viel größer!«

So viel ist klar: Die Straßen sind seit dem letzten Karneval wieder sicher, und unser Land ist um einen Helden reicher.

Übrigens: Nach der Spreng-Aktion damals hat mir Luca als Dank ein leuchtend hellblaues Bärenmarke-T-Shirt geschenkt. Ich trage es mit Stolz.

Was haben wir früher nur gemacht? Hilflos verdorrten die Kleinen auf dem Rücksitz.

Das Klassentreffen

»Gimme the people, free my soul,
I wanna get lost in you Rock'n'Roll
and drift away.«
(Mentor Williams)

Vor kurzem erhielt ich Post von meiner alten Schule. Gott im
Himmel, nach fast zehn Jahren ein offizielles Schreiben meiner Schule, mit dem Stempel der Wittelsbacher. Verdammt,
sie haben mich doch noch drangekriegt, dachte ich, hätte ich
den Diercke-Weltatlas doch nicht geklaut!

Das konnte es doch eigentlich nicht sein, jeder hat damals
den Diercke-Weltatlas mitgehen lassen, jeder; trotz des gym-
nasialen Überichs im spätpubertierenden Schädel: »Ja, Frau
Lehererin, ja ich weiß, man sagt ja auch nicht Globusse, der
Plural von Atlas lautet Atlanten – aber ich will nur einen
klauen.« Hätte ich mal nicht machen sollen. Der Scheiß-
Diercke ist schuld, dass ich heute noch nicht weiß, wo Aser-
beidschan und Kirgisien genau liegen. In meinem Atlas befin-
den sie sich irgendwo inmitten der fetten grünen Fläche, auf
der Weltkarte – Süden, Norden, »Nie ohne Seife waschen« –
rechts, genau, rechts auf der Karte, Osten. Alles UdSSR
damals, und heute noch, im Diercke-Weltatlas.

Und weil ich so ein Feigling war, habe ich nicht etwa den
blauen geklaut, nein, einen braunen, den alten, wie wir ihn in
der fünften Klasse noch benutzten. Er steht noch heute in

meinem Regal, ganz unten, direkt neben den MEW-Bänden, die mir meine Eltern schenkten. Was für eine leckere Welt in meinem Zimmer: Deutschland in den Grenzen von 1937 und daneben Marx und Engels. Renate und Eberhard würden ausrasten.

Im Brief meiner Schule ging es um etwas ganz Anderes, um die Einladung zum Klassentreffen. KLASSENTREFFEN. Was für ein Erinnerungs-Flash! Vor genau zehn Jahren habe ich Abi gemacht. Hey, das muss gefeiert werden. Keine dreißig und schon alt. Veteranen-Treffen der Erinnerungsbrigade, Oldie-Meeting der »Weißt du noch?«-Junkies – und ich mittendrin.

Das »Orga-Team« des Klassentreffens, die nannten sich wirklich so, das »Orga-Team« hatte alles bis ins Detail geplant. Ein Fragebogen war beigelegt, um den Small-Talk zu minimieren: »Welchen Film hast du als Letztes gesehen? Was wolltest du nach dem Abi werden? Was machst du jetzt?« Meine Hobbys sind Musik, Lesen und Partys. Aber auch was zum Ankreuzen: »Familienstand und Einkommen«. Natürlich habe ich beim Einkommen geschummelt und bei »Familienstand« gab ich »ledig« an. Nur so. Man konnte ja nicht wissen.

Das Orga-Team, das eigentlich nur aus Harald und Astrid Meyer, geborene von Ginten, bestand, hatte wirklich an alles gedacht. Der Nebenraum einer Kneipe war reserviert, treffen aber wollten wir uns an unserer Schule.

Wir trafen uns in unserem alten Klassenzimmer. Die perfekte Inszenierung der Vergangenheit, wenn man die frühere Unsicherheit an diesem Ort mal beiseite läßt. Die Mädchen erschienen allesamt im Kostüm und keineswegs schüchtern. Und die Jungs kamen in endlich sitzenden Konfirmationsanzügen und mit diesem Werbespotgrinsen im Gesicht. »Mein Auto, mein Haus, mein Pferd.« Lauter viel zu große

15-Jährige in ihrem alten Klassenzimmer. Hallo 8a – und nun Vergangenheit, steh auf!

Wir saßen an unseren alten Schulbänken – Gott, waren die klein –; ich wollte spontan ein paar Bücher aufbauen, damit niemand abschreiben konnte. Die alten Schulbänke, in die wir damals mit der einzigen Waffe, die uns zur Verfügung stand, dem Zirkelset, für alle Ewigkeit *AC/DC* einritzten. Ich erkannte sogar meine alte Bank wieder, weil bei *AC/DC* der Blitz verkehrt rum war. Natürlich war die alte Zeit sofort präsent, was denn sonst. Mir kam die alles entscheidende Frage wieder in den Sinn: Geha oder Pelikan?

Und dies ins Stammbuch, für die Ewigkeit: Pelikan war der Füller für die Turnbeutelvergesser! Hartnäckig hielt sich zwar das Gerücht, Pelikan ließe sich leichter wegkillern. Dazu kann ich nur sagen: Wer wirklich lässig war, der brauchte keinen Tintenkiller! Natürlich gab es auch die ganz Schlauen, die nur noch mit der Schreibseite des Tintenkillers schrieben, wie lässig, nur dass sich das natürlich dann nicht mehr wegkillern ließ. Man musste es ausradieren. Regelrechte Löcher wurden da in die Hefte radiert, mit dem Ratzefummel. Ich habe den Geruch noch heute in der Nase. Der Ratzefummel war die Einstiegs-Schnüffeldroge, speziell die blaue Seite!

Geha war aber auf jeden Fall cooler als Pelikan. Klar, einige benutzten Parker-Füller oder Lamy. Parker war was für die besser Verdienenden und die Lamy-Schreiber wurden schwul – so war das.

Der große Vorteil des Geha-Füllers war vor allem, dass das Plastikkügelchen in der Tintenpatrone unversehrt blieb, es konnte mühelos mit dem Zirkel entfernt und gesammelt werden. Und dann wiederum mit dem Zirkel ein Loch in die Schulbank geritzt, zum Geodreieck gegriffen und auf zum Tischgolf – herrlich. Erwin Moser, man hätte es ihm nicht angesehen, war der Top-Scorer. Er besaß allerdings auch den geilsten Court. Er hatte nicht nur Löcher, sondern sogar einen Wassergraben ausgehoben und durch feinste Schraffur des Pressspans ein perfektes Grün geschaffen. Inklusive eines Käsefähnchens von Mutters Tupper-Party. Im Golfen war der dicke Erwin unschlagbar.

Die Disziplin, in der ich brillierte, war das Casio-Uhr-Wettpiepsen. Heute ärgern die Kids ihre Lehrer mit Handys und SMS-Verschickungen. Ich finde, wir haben den Unterricht früher kreativer gestört. O ja, jeder besaß eine Casio-Digitaluhr mit Stopp-Funktion, und die piepten, aber hallo! Um die kürzeste Zeit ging's, Start und gleich wieder Stopp. Mein bis heute noch nicht einmal von Harald Meyer zu unterbietender Rekord lag bei vier Hundertstel. Mein Gott, war ich stolz. Gut, SMS ließen sich mit den Uhren keine verschicken, sprachen wir eben miteinander. Und: Es war kein Untergang, wenn einem die Casio abgenommen wurde. Die Zeit stand ohnehin still.

Das durfte doch alles nicht wahr sein, ich war gerade mal zehn Minuten im Kreise meiner alten Mitschüler und schon komplett in einer anderen Zeit. Noch mal zehn Minuten, dachte ich, und ich schwärme wieder für Katja Berger. Schöne Scheiße. Wo war sie eigentlich?

Bevor ich mich richtig umgucken konnte, setzte sich der Tross in Bewegung, zu einem Rundgang durch die Schule. Am Sekretariat vorbei, am Schwarzen Brett und natürlich in die Turnhalle. Scheußliche Erinnerungen das. Meine Fresse, bei meinen Leistungen in Sport hätte ich auch mit Lamy schreiben können. Schlagball nach hinten und für meine Zeiten über hundert Meter hätte sich so mancher Langstreckenläufer in Grund und Boden geschämt. Was habe ich die Mädchen um den Stufenbarren beneidet. Wir Jungs mussten über den Längskasten. Ganz üble Verletzungen waren das, unten rum.

Jetzt sah ich Katja Berger. Hatte sich eigentlich gar nicht so verändert. »Verlagskauffrau« hatte sie in den Fragebogen geschrieben und »ledig«. Strike! Ich versuchte, sie mir im Bett vorzustellen. Sorry, *first cut is the deepest*, die erste Liebe haut am meisten rein. Vor ein paar Jahren rief sie mich mal an, sie sei zufällig in der Stadt, hm, hm, ich hatte keine Zeit. Ob Frauen das auch machen? Den Kalender durchgehen und überlegen, wen man mal wieder anrufen könnte? Männer kennen das: Mal wieder eine alte Freundin anrufen, einfach so, und dann hat man einen fremden Typen in der Leitung. »Nein tut mir Leid, die ist nicht da, meine Frau kommt heute erst spät heim.« Scheiße. Zug abgefahren – vor 15 Jahren.

Katja sah gut aus, keine Frage. Ihr ebenmäßiges Gesicht, die halb langen, dunklen Haare. Wie früher. Ihre Aufmachung – auch wie früher: Sie trug ein unauffälliges, beiges Kleid und eine weiße Strickjacke drüber. So ein Jäckchen mit Strickmuster, ein Romanistik-Studentinnen-Jäckchen. Nicht zwingend sexy, dachte ich. Aber was soll's. Sie lächelte mich an. Heute oder nie ...

Die Kneipe, die das Orga-Team des Klassentreffens ausgewählt hatte, war furchtbar. Ein Hinterzimmer mit Hirschgeweihen an der Wand und Pokalen in der Vitrine. Guck an, der ATSV Kirchseeon war 1976 Bezirksmeister. Wow.

Wir nahmen an zwei langen Tafeln Platz – ideal für intime Unterhaltungen. Irgendwer hielt eine Rede. Katja Berger saß mir schräg gegenüber, vier Stühle versetzt; nah genug, dass ich sie ständig anstarren musste, und viel zu weit weg, um ein Gespräch zu führen. Aber nach dem Essen könnte man das ja auflockern, sagte irgendwer. Im gemütlichen Teil. Könnte man. Außerdem hätte einer auch Musik mitgebracht, für nach dem Essen. Hätte er. Für den gemütlichen Teil. Aber erst was essen. Ohne Musik. Man wolle sich ja auch unterhalten. »Es gibt übrigens zwei Menüs. Eins mit Fleisch und eins für, ach wo wir gerade dabei sind ...« Nachher im gemütlichen Teil sei es ja egal, aber wenn die Raucher jetzt vielleicht ... Auch wegen dem Essen. Es heißt wegen des Essens. Ha, ha, ha. Deutsch Leistungskurs. Zwei Menüs, wie gesagt. Außerdem hätte man sich ja bestimmt viel zu erzählen. Nach all der Zeit. Und später gäb's dann ja noch Musik. Im gemütlichen Teil. Zum Auflockern. Aber jetzt essen. Musik später — und alte Klassenfotos hätte einer noch dabei, wenn nachher vielleicht jemand. Im gemütlichen Teil.

Es wir ihn nicht geben. Definitiv keinen gemütlichen Teil, nicht hier, nicht heute, nicht im Kreise dieser Menschen. Wer hat uns eigentlich so kaputtgemacht? Wer hat unsere Sprache zerstört? Ich will keinen gemütlichen Teil, Katja, sag doch was!

Ich erinnerte mich, wie ich früher manchmal mit Katja Tischtennis gespielt habe. Im Freibad. Auf der Tischtennisplatte aus Beton, mit dem eisernen Netz. Es war die Zeit, in der es noch uncool war, gegen Mädchen zu verlieren, aber interessant fand man sie dennoch. Seltsam geheimnisvoll. Um sie zu ärgern, schnitt ich die Bälle gelegentlich an, und sie sagte: »Männo! Ohne schnibbeln!« Mein Gott, was für Welten liegen doch zwischen »später, im gemütlichen Teil« und »Männo! Ohne schnibbeln!«.

Ich stocherte lustlos in meinem Essen, schwieg die meiste Zeit und trank. Katja unterhielt sich die ganze Zeit mit Frau Bürmer-Lechler, der Sozialkunde- und Erdkundelehrerin — Master of Diercke-Weltatlas. Das Klassentreffen zog an mir vorüber, Musik gab es natürlich keine, auch nach dem Essen nicht, die Sitzordnung wurde nicht aufgehoben, der gemütliche Teil verlief in Reih und Glied. Ich glotzte Katja an, trank mir den Abend schön und ließ meinem Testosteron freien Lauf. Mit mäßigem Erfolg.

Was mir vor allem auffiel, waren ihre Hände. Verlagskauffrauenhände, dachte ich. Sehr lange und dünne Finger. Und alle zwei Minuten griff sie in ihre Handtasche, ja, eine Yves-Rocher-Imitattasche, und holte eine Weleda-Handcreme heraus, um sich die Hände einzucremen. Alle zwei Minuten! Sie drückte mit der einen Hand einen satten, gelblichen Wurm aus der Tube auf den Rücken der anderen Hand und verrieb ihn mit hastigen Bewegungen. Dann wiederholte sie die Prozedur seitenverkehrt. Als ob sie es für mich täte. Und immer nahm sie viel zu viel von der eklig-dickflüssigen Creme. Weleda, man gönnt sich ja sonst nichts. Rudolf-Steiner-Paste, wie sie auch die Renate benutzt. Das Zeug zog überhaupt nicht ein und sie manschte schon wieder ein paar Klekse aus der Tube auf ihre Hand. Wie eine Manie, die Hände waren mit einem schmoddrigen Film überzogen. Anthroposophen-Sperma. Ich bemerkte, wie ich mich regelrecht ekelte. Ihr schien es ähnlich zu gehen, denn nach jedem Einreiben zückte sie ein Tempo-Taschentuch und wischte sich damit nervös über die Hände. Dabei blieben kleine Papierfetzen an ihren Fingern hängen, die sich beim abermaligen Cremen auf ihren Handrücken zu bräunlichen Würsten rollten. Und wieder griff sie mit ihren total verklebten Fingern nach einem Taschentuch. Jetzt hingen schon größere Fetzen an ihrer Hand. Sie schien das gar nicht zu bemerken und schmierte erneut Paste auf ihre Finger. Wenn sie so weitermacht, dachte ich, wird sie zur Mumie. Was für ein Schauspiel: die Mumifizierung einer Jugendliebe.

Ich hakte den Abend ab. Die Ersten gingen, sei doch toll gewesen und schön, dass man sich mal wieder gesehen habe, und »wirklich, kein Stück verändert. Bis dann.« In zwei Monaten werde ich dreißig, dachte ich. Und trank weiter.

Auf einmal stand Katja auf. Resolut wischte sie sich ihre Hände an der Strickjacke ab, nahm ihre Tasche, grüßte in die Runde und ging. Aus dem Augenwinkel sah ich sie an der

Kasse stehen und zahlen. Vielleicht war ich zu betrunken oder neugierig oder einfach nur geil. Auf jeden Fall erhob ich mich auch und »macht's gut« und »nein, war doch gemütlich« und »ja, bis in zehn Jahren«. Ich beglich ebenfalls meine Rechnung und hastete ins Freie.

Katja schien auf mich gewartet zu haben. Sie stand an einer Straßenlaterne und sagte:

»Komm mit.«

Mannomann, schräger als es ohnehin schon war, konnte es eigentlich nicht mehr werden. Schweigend gingen wir eine Weile in Richtung Gemeindezentrum. Als wir das Freibad passierten, stoppte sie und meinte:

»Ich muss dir etwas sagen, hilfst du mir bitte.«

Sie machte Anstalten, über den Zaun des Bades zu klettern.

»Katja, was soll das? Findest du nicht, dass wir zu alt für so 'nen Scheiß sind?«

Sie hatte den Zaun schon erklommen.

»Und wenn wir erwischt werden?«

Sie sagte nur:

»Komm! Ich muss das tun.«

»Fuck, ich fand es früher schon scheiße, ins Freibad einzusteigen.«

»Heute ist aber nicht früher«, sagte sie.

Wie wahr! Was ging hier eigentlich ab? Romeo und Julia gehen ins Wasser? Ein tragischer Unfall ereignete sich gestern in der örtlichen Badeanstalt. Was wollte sie? Die alten Zeiten wiederauferstehen lassen? Mir ihre todtraurige Geschichte erzählen? Das gößte Sexabenteuer ihres Lebens, mit Weleda-Creme als Vaselin-Ersatz?

Ich stieg ebenfalls über den Zaun. Katja war in der Zwischenzeit zu den Tischtennisplatten gegangen. Ich setzte mich neben sie auf den Beton. Sie sagte:

»Schon verrückt, hier zu sitzen.«

»Ich find's eigentlich eher kalt.«

Sie sagte:

»Ohne schnibbeln.«

Das durfte doch nicht wahr sein. Sie lächelte.

»Weißt du, wann ich mich in dich verliebt habe? Das war hier im Freibad, als ihr Jungs alle auf den Zehner gestiegen seid, um uns zu imponieren. Alle sind gesprungen, nur du bist wieder runtergeklettert. Da habe ich mich in dich verliebt. Aber du hast dich so geschämt, dass du gleich nach Hause gegangen bist. Da wusste ich, das wird nie was mit uns. Dabei«, und das Letzte sagte sie fast unter Tränen, »dabei habe ich mir so gewünscht, dass du es bist, der mir den Rücken eincremt.«

Jetzt heulte ich auch fast, und mir fiel der Satz wieder ein, der damals auf dem Sprungturm kursierte: Bange machen giltet nicht. Okay. Bange machen giltet nicht. Ich strich Katja über die Wange, griff nach ihrer Tasche und holte die Creme heraus. Sie zog ihr albernes Jäckchen aus, und ich streifte die Spaghetti-Träger ihres Kleides zur Seite. Es rutschte nach unten, und ich begann ihr die Schultern einzureiben. So gut es mit dieser Paste eben ging. Ganz sanft massierte ich die Creme in ihre Haut. Sie beugte sich nach vorne, so dass ich nicht an ihre Haare kam. Mit den Händen bedeckte sie ihre Brüste. Ich verrieb die Creme auf ihren Schultern, ihrem Hals, ihrem Rücken. Einmal straffte sich ihr Körper, und sie seufzte kaum hörbar. Ich massierte sie weiter. Irgendwann richtete sie sich auf, streifte die Träger hoch und lächelte mich an.

»Verrückt, nicht?«

Ich zog sie an mich heran und wollte sie küssen, aber sie legte mir den Finger auf den Mund. Er roch nach Creme. Sie schwieg und blickte zum Becken. Okay, dachte ich, wie du willst. Ich stand auf und ging zum Sprungturm. Langsam kletterte ich die Stufen hinauf, am Dreier vorbei, am Fünfer, am Siebenfünfer. Bis oben. Ich sah zu ihr hinab. Von hier sah sie sehr klein aus, fast zerbrechlich. Ich stand auf dem Zehner, zum zweiten Mal in meinem Leben. Komischerweiser dachte ich kurz an meine Eltern, zu denen ich mich damals flüchtete. Wird man die denn nie los? Ich zog die Schuhe aus, die Strümpfe, Hose, Hemd. Die Unterhose behielt ich an, nicht wegen Katja, ich hatte mal von unschönen Verletzungen gehört. Vorsichtig ging ich nach vorne, zum Ende des Bretts und breitete die Arme aus. Katja rief, und ich wusste nicht, ob als Anfeuerung oder Warnung:

»Männo!«

Ich brüllte, mehr zu mir als zu ihr:

»Bange machen giltet nicht!«

Und sprang. Kerzengerade, mit den Füßen nach unten flog ich und tauchte ein. Meine Füße schmerzten ein wenig, aber das war es wert. O ja, das war es. Ich schwamm an den Beckenrand, stieg aus dem Wasser und ging zur Tischtennisplatte.

Katja war fort. Ich sah mich um, rief ihren Namen, nichts. Lediglich ihre Taschentücher und die halb leere Weleda-Tube lagen noch dort.

So musste das wohl laufen, ich konnte ihr noch nicht mal böse sein. Schließlich hatte ich die Wahl gehabt. Mir war saukalt, und ich ging wieder zum Sprungturm. Um meine Sachen zu holen. Diesmal kletterte ich runter.

»Ich gehe nur mal schnell Zigaretten holen, Schatz.« Wochenlang hatte er sich auf diesen Moment gefreut, und jetzt genoss er ihn in vollen Zügen.

Credits

»Ich erinnere mich an frei erfundene Handlungen
und rein zufällige Ähnlichkeiten.«
(Uli Becker)

Bevor ich einen Satz sage, den ich immer schon mal sagen wollte, eines vorweg: Zu diesem Buch gibt es einen Bonus-Track. Er heißt »Älter werden hat auch mit Möbeln zu tun«, ist eine schöne kleine Geschichte, und findet sich in der Anthologie *Der Lautsprecher Band 4 – neues Land 2000*, herausgegeben von Svenja Eckert und Johannes Finke im Lautsprecher Verlag, Neuweiler 2000.

Und jetzt der Satz: »I'd like to thank my Mum and my Dad and my manager. God bless you.« Eigentlich ist es ja total albern, diesen Satz nach *dieser* Geschichte zu sagen. Aber ich bin gerne albern. Also: Danke, Mama und Papa, danke, Urs. Gott schütze euch.

Vor allen anderen danke ich dann meiner Lektorin Julika Jänicke, ohne die ich es nicht geschafft hätte (noch mal albern, *yeah!*).

Für harte und liebe Worte danke ich: Dorothee Kimmich, Joey Schneider, Bettina Sonnenschein, Bernd Stiegler, Martin Wiedemann, Urs Wiegering und vor allem Peter W. Hermanns. Weiter danke ich Markus Frietsch für das Nikolaus-Foto und vieles mehr, Vero Mickisch, die mit ihrer Kamera durch Basel zog, Katrin Lamperstorfer, die immer wieder das geknickte Vorfahrtsschild für mich fotografierte, und Doris, Dieter und Gotti, die mich durch eine kleinkriminelle Aktion erst auf diese Idee brachten.

Des Weiteren danke ich:

Deutschland für seine Schilder.

Dem *funduz e. V.* in Freiburg auch dafür.

Dem *Teufelhof* in Basel für die sado-masochistisch veranlagte Tür auf Seite 174.

Helmut Schleich für's Zuhören.

Alexander Liegl für »Frosch-Enkel«.

Andrea Drescher und Klaus Riexinger für so manche Hilfe kolumnentechnischer Natur.

Norbert Preußner von *bin.go publishing* für Rettung in der Not.

Oliver Genzow und Francesco Wilking für *Swamp Poetry*.

Andreas Frischbutter, Jan »Chefe« Hucklenbroich, Markus Frietsch für being there on the Road.

Marlis Binnig, Anton Binnig und Achim Schley für being there at home.

Regina Pfeifer für ihr da sein wann und wo auch immer.

Dieter Schwarz für Rock'n'Roll damals und heute.

Regina Leonhart für alles.

Dieses Buch ist Moneypenny gewidmet (r. i. p.).

Ein Satz heißer Ohren

Seit ich eine CD habe, gehe ich sehr häufig in Plattenläden und gucke, ob ich im Regal stehe. Meistens tue ich das nicht. Weil mich das ärgert, lasse ich dann oft ein Exemplar da. Einfach so. Ich sortiere es unter »J« ein und gehe. In Berlin wurde ich einmal erwischt und fast bestraft dafür. Darf man nämlich nicht. Ich mach's aber trotzdem. Vielleicht finden Sie ja irgendwo mal eine solche CD, die dürfen Sie dann behalten. Ansonsten: klauen!

Oder: bestellen. Und zwar bei einem sexy Plattenlabel in Köln. Es heißt WortArt, ist sehr lieb und veröffentlicht viele Kabarettprogramme und tolle Hörspiele.

FRISS, VÖGEL ODER STIRB!
Best.Nr. 78057
ISBN 3-931780-57-0
(Inkl. »Meine Eltern sind Hippies«, »Winnetou auf dem Bonanzarad«, »Die Einschulung« uvm.)

DAS KRIPPENSPIEL (Maxi)
Best.Nr. 78071
ISBN 3-931780-71-6

Sie sollten den Gesamtkatalog bestellen:

Fon: 0221/2407746 Fax: 0221/2407762
www.wortart.net

Und grüßen Sie Alexia und P. von mir.

Das Auge lacht ja mit

Und zum Schluss noch ein kleines Geständnis: Als wir so zehn Jahre alt waren, beschlossen Erwin Moser und ich, Schlagerstars zu werden. Ich hatte ja eine E-Gitarre, und Erwin spielte Drums auf einem aus Mülleimer und Tupperware improvisierten Schlagzeug. Von der Besetzung her war das Avantgarde, und auch medienmäßig waren wir der Zeit voraus: Wir hatten ein Video. Einen Super-8-Film; darin posen und playbacken Erwin und ich zur *Spider Murphy Gang,* und sogar unsere Kontaktadresse wird eingeblendet. Wie in der Hitparade! Eigentlich ist das die beste Szene. Harald Meyer, unser Manager, hielt einfach ein Pappschild vor die Kamera: »Erwin & Jess, 8011 Baldham.« Ja, so ist das gewesen. Das waren die Anfänge. Mit alter Postleitzahl.

Leider ist der Film verschütt gegangen. Aber wenn Sie trotzdem was gucken, wissen oder mir schreiben wollen, besuchen Sie meine Heim-Seite. Dort finden Sie auch den aktuellen Tourneeplan und alle 14 Tage eine neue Kolumne. Welche Sie auch abonnieren können. Kostenlos. Hier:

www.jessjochimsen.de

Da Harald Meyer heute einer ganz anderen Tätigkeit nachgeht, wenden Sie sich für Auftritte – und auch sonst – an:

URS WIEGERING

Urs Wiegering
Hoheluftchaussee 57
D-20253 Hamburg
Fon: 040/4230000
Fax: 040/42300023
www.ursart.de
ursart@ursart.de

Da bin ich aufgewachsen.